Horst Volz

Das Leben fordert dich heraus

Horst Volz

Das Leben fordert dich heraus

Sehen – Fühlen – Hören

- Mit Arbeitsteil -

Alles was ich noch nicht gesehen,
gefühlt oder gehört habe, kann und
darf ich auch noch nicht beurteilen!!

Re Di Roma-Verlag

Bibliografische Information der Deutschen Nationalbibliothek:
Die Deutsche Nationalbibliothek verzeichnet diese Publikation in der Deutschen Nationalbibliografie; detaillierte bibliografische Daten sind im Internet über http://dnb.ddb.de abrufbar.

ISBN 978-3-86870-819-6

www.rediroma-verlag.de
9,95 Euro (D)

Inhaltsverzeichnis

Vorwort

Du brauchst ein klares, inneres Bild von dir!
Um Erfolg zu haben, brauchst du nicht unbedingt ein Studium, aber ein klares inneres Bild davon, was du einmal werden willst, einen eisernen Willen und den Glauben an dich selbst!

Liebe Leserinnen, liebe Leser,
ich möchte Sie zu meinen neuen Texten, Zitaten und Sprüchen begrüßen! Folgen Sie meiner Einladung, begeben Sie sich auf eine gemeinsame Reise mit mir. Vielleicht darf ich mit dem einen oder anderen Schreiben von mir Ihre Herzen berühren?
Außerdem möchte ich Sie einladen, meine Texte immer wieder zu lesen; vielleicht finden Sie sich ja selbst in einer Situation oder Zeile wieder!
Es würde mich sehr freuen, wenn für Sie etwas Passendes dabei ist, aber noch viel mehr: wenn Ihnen etwas besonders gut gefällt!
In meinem beruflichen Werdegang als Kaufmann – mit Schwerpunkt Organisation, Disposition und Zeitmanagement – hatte ich schon immer mit vielen Menschen zu tun. Diese gaben mir oft das Gefühl und die Bestätigung dafür, ich hätte ihnen durch meine Hilfe und Tipps in schwierigen Gesprächen bei bevorstehenden privaten sowie geschäftlichen Entscheidungen sehr geholfen.
Ihr Leben hat sich in irgendeiner Form verändert und es hätte sie deutlich weiter gebracht.
Bis zu jenem Tag, als sich mein Leben selbst sehr verändert hat. Ab diesem Tag konnte ich die Menschen noch besser verstehen.
Eine kurze Geschichte über mein berufliches Leben:
Am Höhepunkt meiner beruflichen Karriere angekommen, beschlossen unsere Geschäftsführer im Jahre 2001 einige Geschäftsstellen und die dazugehörigen Abteilungen zu schließen. Der Firma ginge es angeblich nicht so gut und meinen Kollegen und mir von heute auf morgen auch nicht ... (Die Enttäuschung war groß.)
Mit damals über 40 Jahren wusste ich nur eins: »Du brauchst Jahrzehnte,

um dich weit nach oben zu arbeiten, aber es bedarf nur eines kurzen Moments, dann fängst du unter Umständen wieder ganz von unten an …« (Und das ist mit allem in deinem Leben so.)
Ich habe beides kennen- und auch zu schätzen gelernt: wie es ist, wenn man sich beruflich weit nach oben gekämpft hat, ein gutes und sicheres Einkommen hat. Und wie es sich anfühlt, wenn man ganz von vorne wieder anfangen/beginnen muss! (Es hat mir aber nicht geschadet, ganz im Gegenteil sogar!)
Damals war mir allerdings auch noch nicht so richtig klar, dass sogenannte Rückschläge auch sogenannte Vorschläge sein könnten, um über dein Leben nachzudenken!
Einstecken – Aushalten – Durchstarten – Neubeginn!
Menschen suchen nach einem sinnvollen, möglichst aber erfüllenden Leben. Sie tragen viele Fragen und Sehnsüchte mit sich herum. Wir alle wollen auf die vielen Fragen, die uns täglich im Alltag begegnen, aber auch Antworten erhalten, welchen Sinn das alles für uns letztlich macht.
Auf unserem Lebensweg, immer suchend nach neuen Herausforderungen wie z. B. Reichtum, Anerkennung, Erfolg, suchen wir vor allem aber nach der Liebe, denn wir alle (ausnahmslos) wollen lieben und geliebt werden.
Doch manchmal hat man den Eindruck, je mehr man sich das Ersehnte wünscht, meint man zu glauben, es entferne sich dadurch immer mehr.
Aber letztendlich steckt das Glück und dessen Geheimnis in uns selbst. Das, was wir ausstrahlen, ziehen wir auch an, und das, was wir geben, bekommen wir auch wieder zurück!
Ich möchte Ihnen mit meinen Gedichten, Texten, Sprüchen und Zitaten Freude und Mut machen, aus dem Leben immer das Beste zu machen, auch wenn es uns manchmal noch so aussichtslos vorkommen sollte!
Denn es gibt immer einen Weg, der zum Ziel führt!
Versuchen Sie doch einfach einmal, Ihre Gedanken zu verändern, und das Leben verändert sich für Sie!

Einleitung

Menschen suchen nach einem sinnvollen, möglichst aber erfüllenden Leben. Tragen viele Fragen und Sehnsüchte in sich innerlich herum, wir alle wollen auf die vielen Fragen, die uns täglich im Alltag begegnen, aber auch Antworten erhalten, welchen Sinn das alles für uns letztlich macht. Auf unserem Lebensweg, immer suchend nach neuen Herausforderungen wie z. B. Reichtum, Anerkennung, Erfolg; vor allem aber, suchen wir alle nach der Liebe, denn wir alle (ausnahmslos) wollen lieben, und geliebt werden.

Doch manchmal hat man den Eindruck, je mehr man sich das Ersehnte wünscht, meint man zu glauben, es entfernt sich dadurch immer mehr.

Aber letztendlich steckt das Glück und dessen Geheimnis in uns selbst, das, was wir ausstrahlen, ziehen wir auch an, und das, was wir geben, bekommen wir auch wieder zurück!

Ich möchte Ihnen mit meinen Gedichten, Texten, Sprüchen und Zitaten Freude und Mut machen, aus dem Leben, immer das Beste zu machen, auch wenn es uns manchmal noch so aussichtslos vorkommen sollte.
Denn es gibt immer einen Weg, der zum Ziel führt!

Versuchen Sie doch einfach einmal Ihre Gedanken zu verändern, und das Leben verändert sich für Sie!

Das Leben weiß es besser!

Nicht die Perfektion macht aus uns »gute, liebens- und begehrenswerte Menschen«, sondern diejenigen, die im Laufe ihres Lebens Fehler begehen dürfen, ohne ständig ermahnt zu werden. Man sollte ihnen für ihr Tun und Handeln mehr Achtung, Anerkennung, Respekt, Lob, aber vor allem mehr Vertrauen entgegenbringen … Sie verschenken nichts, sondern opfern sich für eine Sache aus Überzeugung buchstäblich auf!
Nach dem Motto: Wer hart arbeitet, spürt das Leben! Und wer nichts tut, lebt unter Umständen trotzdem intensiv und gut! Das Leben weiß es besser.

Sehen, fühlen, hören...

Alles, was ich noch nicht gesehen, gefühlt oder gehört habe, kann und darf ich auch noch nicht beurteilen!!

Sehnsucht

Weil ich Dich liebe, noch immer und mehr.
Weil ich Dich brauche, ich brauch Dich so sehr.
Ich habe Sehnsucht, ich verzehr mich an Dir.
(Marius Müller Westernhagen in seinem Lied »Weil ich dich liebe«)

Jeder, der dieses Lied schon einmal gehört hat, weiß, welche Gefühle Sehnsucht erzeugen kann. »Ich vermisse dich« oder »du fehlst mir« fühlt sich an wie eine Leere, die nur der ersehnte Partner füllen kann.

- Sehnsucht kann ein schmerzhaftes Verlangen nach einer Person sein. Die Mutter wartet auf ihr Kind, oder ein Mensch wartet sehnsüchtig hoffend, dass er/sie endlich zu ihr kommt.
- Sehnsucht – der Wunsch und die Hoffnung, etwas Besonderes zu sein oder etwas Unerfülltes oder Unerreichbares zu erlangen.
- Sehnsucht nach Anerkennung
- Sehnsucht nach Glück und Frieden
- Sehnsucht nach Liebe
- Sehnsucht, aber auch Lust, etwas Neues oder etwas ganz Besonderes hervorzubringen
- usw. – »Du weißt es besser!«

Sehnsucht kannst du aber auch haben, wenn du jemanden sehr stark vermisst. Vielleicht, weil er verreist ist, nicht in deiner Nähe wohnt oder du gar nicht mehr mit ihr/ihm zusammen bist.
Häufig wird Sehnsucht auch mit Liebeskummer in Verbindung gebracht, und diese Sehnsucht kann krank machen!

Liebe und Glaube,

Die Sehnsucht, ist die Liebe und der Glaube an uns selbst; dies wiederum setzt das Rad in uns in Gang/Bewegung, welches das Unvorstellbare erst möglich macht.

Wir werden schon mit der Sehnsucht geboren

Wir sind lange vor unserer Geburt
schon von Gott geplant,
und von den Engeln als
Mädchen oder Junge auserkoren.
Somit werden wir auch ungefragt,
und ohne Diskussion
durch Mama und Papa
in diese wundervolle, schöne
und einzigartige Erde hineingeboren.

Dieser winzige Erdankömmling
ist ein Wunder der Natur
wer weiß es heute schon so genau –
wird er ein unkomplizierter, netter,
liebevoller, liebenswerter, rücksichtsvoller,
sensibler, geduldiger, sehnsüchtiger Mensch oder bleibt
er dem Leben gegenüber immer nur hart und stur …

Sehnsüchte begleiten dieses Kind nun ein Leben lang;
Sehnsüchte, das ist ein Drang,
werden wie Alkohol, Zigaretten, Tabletten, usw. eventuell
zum täglichen Zwang …
Unaufhörlich und immer wieder,
drückt uns von einem Erlebnis
zum anderen auf und nieder …
Durch die Eltern liebevoll groß gezogen,
wird das Kind im Leben nochmals oft verbogen.

Sehnsucht nach Geborgenheit und Liebe stehen auch heute noch immer hoch im Kurs. Sie beschäftigen uns wie kein anderes Thema. Doch: Es könnte so einfach sein! Und trotzdem wenden wir es nicht an.

Es multipliziert sich alles im »Nehmen, Geben, Vergeben«. Und genau deshalb passt noch vieles nicht in unser menschliches Denk- oder sogenanntes »Beuteschema«.

Sehnsucht und Liebe verbergen sich,
aber dennoch zutiefst in unseren Herzen,
deshalb verursachen sie uns wahrscheinlich auch
diese unglaublichen Sehnsuchts-Schmerzen!!

Die Sehnsucht steckt
immer in unseren persönlichen Gedanken,
bringen so manche/n starke/n und
mächtige/n Mann/Frau immer noch zum Wanken;
Männlein und Weiblein wegen Sehnsüchten
des Öfteren miteinander zanken.

Deshalb ist es besser, Sehnsüchte in Liebe umzuwandeln.
In jedem Fall solltest du immer, sei es in deiner Familie,
Arbeit, Verein, Freunden, selbst bei deinen Feinden,
(falls du welche hast)
in all deinem Machen und Tun nur in guten, aber niemals
in bösen oder berechnenden Absichten handeln.

Sehnsüchte hören ein Leben lang nie auf,
sie werden dich Tag und Nacht begleiten;
fang aber bitte niemals
wegen einer Sehnsucht an zu streiten,
ansonsten wird sich ein Schatten
auf deine Seele ausbreiten.

Außerdem wird sich so ein Streit niemals lohnen,
denn es steht geschrieben:
»Du sollst deine Gesundheit somit schonen!«

Sehnsüchte sind aber auch gut für unser
Vorwärtskommen und Treiben und
bringen dich voran,
wecken in uns allen neuen Elan
auf der Lebensbahn ...

Sehnsüchte sind versteckte Wegweiser,
die uns eventuell bis zum Himmel tragen;
wenn wir unseren Sehnsüchten folgen,
und entsprechend auch etwas wagen.
Deshalb handle und lass dir bei einer
guten Gelegenheit nichts mehr zweimal
oder gar dreimal sagen.

Sehnsucht nach Freiheit, erweckt in uns
Freude und Abenteuerlust,
deshalb ohne Frust,
mach dich dran, mit ausgestreckter Brust;
lass deinen Sehnsüchten freien Lauf,
stürze dich mit schnellem Tempo drauf
mache endlich das, worauf/wohin
dich deine Sehnsucht drängt,
in eine bestimmte Richtung sie dich lenkt,
bevor dich das Leben in einen Käfig zwängt.
Denn du allein bist dein Herr und Denker
und somit auch dein eigener Daseinslenker!

Das Schreien deiner Sehnsucht hörst allerdings,
liebe/r Leser/Leserin, nur du allein und es kommt
niemals durch und über deine Stimmbänder/Kehle;
es ist und bleibt, wenn du es nicht wahrnimmst,
ein stummer, aber dennoch intensiver Hilfeschrei

deiner ausgeprägten, flexiblen, einzigartigen, und hochintelligenten Seele!!!

Die Sehnsucht ist die Liebe und der Glaube an uns selbst; dies wiederum setzt das Rad in uns in Gang/Bewegung, das das Unvorstellbare erst möglich macht.

Zitate

Nur wer die Sehnsucht kennt,
Weiß, was ich leide!
Allein und abgetrennt
Von aller Freude,
Seh ich ans Firmament nach jener Seite.
Ach! Der mich liebt und kennt,
ist in der Weite.
Es schwindelt mir, es brennt
mein Eingeweide
nur wer die Sehnsucht kennt
weiß, was ich leide!
Johann Wolfgang von Goethe (1749-1832),
deutscher Dichter der Klassik,
Naturwissenschaftler und Staatsmann

Jede Sehnsucht fühlt, dass sie Befriedigung verdient, am meisten die Sehnsucht nach Gott. Daraus entspringt unmittelbar die Überzeugung, dass, wenn der Sehnende nicht Magnet sein kann, das Ersehnte Magnet sein muss, dass, wenn jener sich nicht zu erheben vermag, dieses sich zu ihm herablassen muss. Dies ist das festeste Fundament der Offenbarung.
Christian Friedrich Hebbel (1813-1863),
deutscher Dramatiker und Lyriker

Welcher Schmerz in diesem Leben voll Trübsal ist größer
als die Sehnsucht, die nicht erfüllt wird und die nicht ruht?
Aus Indien

Der leere Wunsch, die Zeit zwischen dem Begehren und dem Erwerben des Begehrten vernichten zu können, ist Sehnsucht.
Immanuel Kant (1724-1804), deutscher Philosoph

Beten ist nicht bitten.
Es ist ein Sehnen der Seele.
Es ist das tägliche Eingeständnis der eigenen Schwachheit.
Mahatma Gandhi

Die Bedeutung eines Menschen liegt nicht in dem, was er erreicht, sondern vielmehr in dem, was er sich zu erreichen sehnt.
Khalil Gibran

Die Sonne lehrt alle Lebewesen die Sehnsucht nach dem Licht.
Doch es ist die Nacht, die uns alle zu den Sternen erhebt.
Khalil Gibran

Es ist wirklich unglaublich, wie nichtssagend und bedeutungsleer, von außen gesehen, und wie dumpf und besinnungslos, von innen empfunden, das Leben der allermeisten Menschen dahinfließt.
Es ist ein mattes Sehnen und Quälen, ein träumerisches Taumeln durch die vier Lebensalter hindurch zum Tode, unter Begleitung einer Reihe trivialer Gedanken.
Arthur Schopenhauer

Entscheidung

Täglich werden von uns viele Entscheidungen getroffen. Sind sie nun gut oder schlecht, wer weiß das schon? Vor einer wichtigen Entscheidung denken wir nicht über Kopf oder Bauchgefühl nach. Oder? Dennoch, wenn wir eine Entscheidung kopflos getroffen haben, ärgern wir uns oder geben einem anderen die Schuld, weil der uns zu einer Entscheidung gedrängt hat. Oder wir sind uns selbst lange nachtragend, weil wir nicht auf unser Bauchgefühl gehört haben!

Leider ist es oft so, dass wir eigentlich wissen, was wir wollen. Nur nehmen wir uns nicht die nötige Zeit dafür, in aller Ruhe über eine wichtige Entscheidung nachzudenken, um sie danach auch richtig für sich und wenn nötig auch für andere zu treffen. Kleinere Fragen und Entscheidungen klären sich rasch und oft sehr schnell auf.

Doch je komplexer, desto schwieriger gestaltet sich offensichtlich der Weg dorthin. Die Wörtchen »wenn, aber und vielleicht« machen uns das Leben deshalb auch nicht einfacher und schon gar nicht, wenn eine wichtige Entscheidung ansteht.

Versuchen Sie in Zukunft, Ihren Verstand und Ihre Gefühle zu Ihren besten Freunden zu machen. Sie, Ihr Verstand und Ihr Gefühl werden sich zu einem unschlagbaren Team entwickeln, das jeder Entscheidung – und sei sie auch noch so schwierig – standhalten wird!

Ein jeder Tag

Jeder arbeitsreiche und gelebte Tag
bringt so manche launenhaften Erinnerungen
mit sich und bringt uns zum Grübeln.
Zu Hause bei Frau und Kind erwartet man,
dass du für sie da bist, zu ihnen gehörst,
ihre Sorgen und Ängste mit ihnen teilst,
und nicht nur mit deiner Arbeit verweilst;
sonst könnte man es dir irgendwann verübeln!

Sehnsüchte und Träume auf Dauer zu unterdrücken,
damit baust du dir keine sehr hilfreichen Brücken;
wenn du alles nur für andere machst und denkst
dabei auch noch »Das ist doch optimal!«,
wird dein Leben langsam aber sicher zur Höllenqual.

Du rennst nur noch für andere, deinen Chef, Verein,
Freunde, Kinder, Ehefrau/mann. Doch keiner erkennt
deinen Einsatz, dein Tun, Handeln und Machen
ernsthaft und ehrlich an,
dann wäre es möglich und könnte es sein,
du verlierst deinen ausgeprägten
Antrieb und zum Schluss auch noch deinen Elan …

Menschen ihre Kraft und Ausdauer zu rauben,
und das solltet ihr auch keinem anderen erlauben,
das dürft ihr niemals zulassen,
das müsst ihr dringend unterlassen,
sonst werden euch selbst, schneller,als euch lieb ist,
eure eigenen Kräfte verlassen …
In dieser hektischen und unsensiblen Zeit,
sind nur wenige – wenn überhaupt – noch zu einer
sofortigen Hilfe bereit.
Zusammenbrüche lauern überall,
und sie sind nie weit.
Ein Umbruch wäre da angemessen,
wenn jemand nach Hilfe schreit, dann solltet
ihr sofort helfen, und das dürft ihr bitte
niemals mehr in eurem Leben vergessen!
Untereinander wird mit unverschämten und
gemeinen Worten um sich geworfen, die
Leid und Kriege verursachen.
Menschen wollen einfach keine friedfertigen
Sachen mehr miteinander machen.

Seht euch doch einfach mal um, in den Schulen,
Religionen, Familien, Verwandtschaft, Kollegenkreis,
und selbst in den Vereinen,
du kannst wiederum TUN und MACHEN, was du willst,
passt du nicht ins Konzept, gehörst du

automatisch zu den Gemeinen …
Eine schöne Fassade garantiert dir noch lange nicht,
dass dein Haus nicht auf Sand gebaut ist.

Nur weil andere Menschen nicht unsere Meinung
und Gedankengänge teilen,
brauchen wir ja auch
nicht ständig mit ihnen verweilen,
aber sie auch nicht dafür verurteilen.
Hilfe sollten wir immer und überall,
aber vor allem jedem Menschen in Not anbieten,
und sind es unserer Meinung nach auch noch solche Nieten.

Es wird leider, und das macht mich in diesem Moment
auch wieder traurig – mir wird schon wieder schaurig –
nur noch nach Erfolg, Ungeduld, Neid, Hass, Leistung bemessen.
Manch einer ist nur nach Macht besessen.
Leider wird ein Mensch nicht mehr nach Geduld,
Liebe, Mitgefühl, Sensibilität, und der Schönheit des
eigentlichen Lebens bemessen.

Du wirst zwar überall und stets in der Familie, Beruf,
Hobby oder als Ortsvorsteher gebraucht.
Hörst du aber mal genauer hin, wird im Bildlichen gesehen;
verraten, gedemütigt, mit Worten der Verletzung nicht
gespart von denen, die dich plagen,
ohne jegliches Gefühl und ohne Scham,
sie um sich schlagen.
Es wird oft nach deiner sensiblen und
zu verletzenden Seele gestaucht.
Und es tut doch so gut, wenn jemand
für dich schöne Worte übrig hat, und
ohne jegliches Geschrei und mit vielen
Komplimenten bestückt,
in dich hineinhaucht.

Entspannung

Entspannung – ein Thema, das alle Menschen
ausnahmslos und auf der ganzen Welt beschäftigt.
Sogar großartige Manager
wurden ohne Entspannung schnell kraftlos.
Tempo! Gas geben! Wir sind rücksichtslos und
gönnen unserem Körper keine Ruhe mehr,
er leidet dadurch nicht nur im Äußeren,
und das, liebe Leser/innen, das könnt ihr nicht
sehen, im Inneren unseres Körpers noch viel mehr!

Wie sollen Menschen bei so viel Druck und Leistung
Entspannung und Ruhe finden?
Ganz einfach:
»Fangt an, seid euch selbst ein Vorbild
und trennt euch von Eurem negativen Denken.
Lasst euch lenken,
jetzt ist es an der Zeit, sich mit dem **positiven
Denken** ein für allemal zu verbinden.
Fangt sofort bei euch selbst an,
die eigenen Fehler
und Schwächen einzusehen,
dann wirst du den Rest meines
Schreibens, ohne es noch einmal
zu lesen, am besten verstehen!

Im Laufe unseres Lebens

In allen Menschen steckt eine unglaubliche und große Macht! Leider verwenden wir sie im Laufe unseres Lebens so gut wie nie und meinen, wir müssen uns immer auf uns selbst verlassen.

Wir lassen uns einreden, dass wir nicht gut genug sind. Aber genau die, die uns das suggerieren wollen, sind noch weitaus minderwertiger und

ohne jegliches Selbstvertrauen – und darum suchen sie vermeintlich Schwächere, um ihre eigene noch viel größere Schwäche zu übertragen und so an ihr Ziel zu kommen.
Was diese Menschen besser können? »Sie können es nur besser verbergen und sind die größeren Schauspieler!«

Menschen manipulieren uns und wollen ihre angebliche Überlegenheit ausprobieren und somit auf uns übertragen. Aber meistens ist das Gegenteil der Fall, und wir merken es nicht einmal. Es fängt schon in der frühen Kindheit an und zieht sich wie ein roter Faden durch unser ganzes Leben!

Unsere gesamte menschliche Persönlichkeit wandelt sich wie das Klima ständig und unaufhörlich, wir entwickeln dadurch unbewusst Abwehrmechanismen.

Doch Sie, liebe Leser/innen, sollten das auf gar keinen Fall zulassen, denn Sie können jederzeit Einfluss darauf nehmen und eine Wandlung ständig und immer, ja zu jeder Zeit willkürlich mitbestimmen und / oder sich dagegen wehren!
Legen Sie Ihre Minderwertigkeitskomplexe ab wie ein altes abgetragenes Kleidungsstück und streifen sich ein neues über, denn diese unglaubliche Macht, von der am Anfang die Rede ist, ziehen Sie dann in Ihr Leben.

Niemand hat das Recht, Sie minderwertig oder gar abwertend zu behandeln, das können nur Sie allein bestimmen.

Denn: »Wer zu viel nach anderen schaut, verliert den Blickwinkel zu sich selbst!«

Gutes

Einem einzigen Menschen Gutes zu tun; erst dann fangen wir an, das wirkliche Leben zu spüren!

Zuhören

Wenn wir Menschen nur aufmerksamer zuhören könnten, dann wäre uns schneller klar, was wir am meisten an uns selbst vermissen!

Dankbarkeit

Dankbarkeit und das Danke sagen hat mich wie noch kein anderes Thema so beschäftigt!

Dankbarkeit ist die Triebfeder für alles Entstehen und Erschaffen; ist Ausdruck von Persönlichkeit, Schönheit, Gesundheit, bringt uns Freundschaften, Intelligenz, Zufriedenheit, Glück, Wohlstand, Erfolg und Reichtum. Wer nicht dankbar ist, hat nicht gelernt, mit Freude zu geben und mit dem Herzen anzunehmen.

Ist noch keine Dankbarkeit für die kleinen Dinge und Überraschungen da, bist du für die großen auch noch nicht bereit. Dankbarkeit löst eine Lawine von unermesslicher Herrlichkeit aus. Egal, was wir tun oder was wir sagen, sollten wir mit einem herzlichen »Danke« besiegeln!

Dankbarkeit – und das gilt für alles, was geschieht – löst Unglaubliches, Schönes und Gutes in der ganzen Welt aus.

Deshalb bedanke ich mich bei allen unseren Lesern schon im Voraus! Ein herzliches Dankeschön an die Menschen, die ihre wundervollen Texte und Ideen für dieses Projekt zur Verfügung gestellt und zur Bereicherung beigetragen haben.

Morgenmeditation

Dank sei Dir, Gott in mir, für diesen Tag mit seiner Fülle neuer Möglichkeiten und Beglückungen, die ich freudig willkommen heiße.

Dank sei Dir, Gott in mir, dass Du auch heute meine Schritte lenkst und bewirkst, dass alles zu meinem Besten ausschlägt.

Dank sei Dir, Gott in mir, dass Du mich auch heute behütest und mir die Möglichkeit gibst, jeden, den ich begegne, froher, glücklicher und reicher zu machen.

Dank sei Dir, Gott in mir, dass Du mein Herz mit Freude und Vertrauen erfüllst und mit der Gewissheit, dass alles gut ist.

Dank sei Dir, Gott in mir, dass Du mir bewusst machst, auf welche Weise ich daheim und bei der täglichen Arbeit mein Bestes geben kann, und mir die Kraft gibst, zu tun, wozu mein Herz mich treibt.

Dank sei Dir, Gott in mir, dass Du mir täglich aufs neue die Möglichkeit gibst, Wirker deines Willens zu sein, anderen zu dienen und das Glück in der Welt zu mehren.

Dank sei Dir, Gott in mir, dass Du mich zum Kanal der Fülle machst, für mich wie für die Wesen um mich herum, so dass ich am Abend erneut Grund und Anlass habe zu bekennen: Dank sei Dir, Gott in mir.
Aus »Nie mehr ärgern«

Gefühle, die das Leben schreibt

(Dieses Gedicht stammt aus der Feder meines Studienkollegen Fritz Ferdinand Heerich. Er widmete das Buch »Gedichtenfibel« seiner großen Liebe Marita. Es ist nicht über den Handel erhältlich; allerdings sind Abzüge, Auszüge, Kopien oder andere Reproduktionen seit Januar 1986 ausdrücklich vom Verfasser erlaubt! Danke, Fritz, für dieses schöne Gedicht!)

Öffnet heute man die Ohren,
hört man Klagen und Geschrei.
Mancher wär gern nicht geboren;
vielen ist viel einerlei.

Doch wer sieht als Gnade an,
dass er leben, atmen kann?
Wer erkennt den Augenblick,
auch noch dankbar an als Glück?

Wer sieht Sonne und Gestirn
weit ums Wunder des Gehirn?
Wer wacht morgens sehend auf,
beginnt dankbar seinen Lauf?

Dass ich schreiben darf allhier –
Schöpfer, dir sei Dank dafür!

Dieses Lied mit dem Originaltext »Danke für diesen guten Morgen« von Martin Gotthard Schneider kennt wahrscheinlich jeder. Für dieses Lied hat er 1961 den 1. Preis im Liederwettbewerb der Evangelischen Akademie Tutzing erhalten..
Meine Cousine Jutta Krauel hat mir erlaubt, diesen Text in meinem Leserbrief August 2013 zu veröffentlichen. Sie hat es zu ihrem 50. Geburtstag umgeschrieben und mit allen Anwesenden vor dem Essen gemeinsam gesungen.
Es war ein tolles und unvergessenes Erlebnis für mich und meine Ehefrau Christel. Danke, dass wir bei diesem einmaligen Ereignis dabei sein durften!

Danke für diese Abendstunden,
Danke für diese gute Zeit;
Danke, dass wir Geburtstag feiern, hier zusammen heut.

Danke für meine lieben Eltern,
Danke, sie machen mir stets Mut.
Danke für ihre Unterstützung, denn die tut so gut.

Danke für meine beiden Söhne,
danke für meinen guten Mann
danke, dass ich mit allen Sorgen zu ihm kommen kann.

Danke für alle die mich mögen,
danke für die, die mit mir sind.
Danke, dass ich in meinem Leben nicht alleine bin.

Danke für meine guten Freunde,
Danke für die Gemeinsamkeit.
Danke für Freundschaft und Vertrauen und für Heiterkeit.

Danke für meine Arbeitsstelle,
Danke, ich bin dort nicht allein,
Danke bei allem, was ich mache, wirst Du bei mir sein.

Danke, dass Menschen mich begleiten,
Danke, o Herr, für jedermann,
Danke, ach Herr, ich will Dir danken, dass ich danken kann.

Dankbarkeit
Dankbarkeit sollten wir schon in den Windeln
von unseren Eltern lernen und dankbar weitergeben,
Dankbarkeit sollte ständig in unseren Herzen beben,
und uns auch im Alter niemals wiederstreben.

Dankbarkeit kann zu einer unglaublichen Erfüllung und Freude führen,
versuch es / probier es sofort aus,
du wirst es in dir als etwas Angenehmes, und Befreiendes spüren.

Dankbarkeit ist der Start in ein neues, gigantisches, gesundes,
erfolgreiches, aber vor allem in ein ausgeglicheneres
Leben, das von einer Vielfalt gestaltet ist ...
da weißt du von heut auf morgen nicht mehr, wer du eigentlich wirklich bist ...

Es kommt so viel Neues auf dich zu,
du kriegst vor lauter schönen Dingen keine Ruh;
Du gibst viel, bist für andere da,
hörst aufmerksam zu, wenn sie etwas sagen wollen
und schickst sie nicht einfach weg;
du gibst keinem das Gefühl, der Sinn des Lebens hätte keinen Zweck.

Nein, du bist dankbar, wenn sie dir etwas erzählen,
lässt dich nicht mit ihren Worten quälen;
Du bist für diesen Menschen nur durch dein Zuhören sein Retter in der Not,
sein verloren geglaubter Anker auf dem vermeintlich sinkenden Boot.

Glaube mir, dieser eine Mensch ist dir dankbar ein Leben lang;
aber vor allem hat er seine Richtung wieder gefunden,
und ohne, dass du es merkst,
bleibst du mit ihm aus tiefster Dankbarkeit verbunden.

Dankbarkeit ist nach der Liebe das wichtigste Gebot,
für die Dankbarkeit, und das ist auch gut so,
gibt es bis heute noch kein offizielles Verbot!

Geist und Weisheit

Originalität
Es ist besser, mit Originalität zu scheitern, als mit einer Imitation zu bestechen.
Hermann Melville

Besser
Besser neu als nie.
Groucho Marx

Niederlage
Erfolg heißt, von Niederlage zu Niederlage zu schreiten, ohne seinen Enthusiasmus zu verlieren.
Winston Churchill

Überlegung
Die erste Überlegung, bevor Sie sich in Verhandlungen begeben, ist zu wissen, was Sie tun wollen, wenn der andere nein sagt.
Ernest Bevin

Mut
Wer keinen Mut hat, wird immer eine Philosophie finden, die das rechtfertigt.
Albert Camus

Mangel
Der Edle leidet nur an seinem Mangel an Fähigkeiten.
Konfuzius

Verstand
Manche Menschen bringen ihren Verstand überhaupt nicht auf Trab, außer wenn sie vorschnell Schlüsse ziehen.
Harold Acton

Geist
Was sich der Geist vorstellen kann, kann er auch schaffen.
Clement Stone

Lockruf
Zufriedenheit ist der bizarre Lockruf des Mittelmaßes.
Michel Montaigne

Sehen
Wir sehen die Dinge nicht, wie sie sind. Wir sehen sie, wie wir sind.
Anais Nin

Kirche
In die Kirche zu gehen macht dich nicht mehr zu einem Christen als in die Werkstatt zu gehen dich zu einem Kfz-Mechaniker macht.
Laurence J. Peter

Ihr Recht auf Fehler

Sie haben in sich hineingehört, nach Hinweisen gesucht, Ihre Entscheidungsfindung überdacht und sind zu dem Ergebnis gekommen, dass Sie eine Fehlentscheidung getroffen haben? Das ist sicher schade, aber kein Weltuntergang. Und Sie können daraus sogar etwas lernen: Denn nur, wenn Sie sich zugestehen können, dass Sie Fehler machen dürfen, können Sie sich auch ehrlich einen Fehler eingestehen ...
Entscheide und gewinne

Die Irrtümer des Menschen
Die Irrtümer des Menschen machen ihn eigentlich liebenswürdig.
Johann Wolfgang von Goethe

Aus Fehlern lernen

Wen bewundern Sie mehr? Denjenigen, der vor anderen Menschen laut und deutlich sagt: »Das war eine Fehlentscheidung?« Oder den, der die Fehlentscheidung schönredet und die Schuld anderen in die Schuhe schiebt? Vor sich selbst und vor anderen Fehler einzugestehen, zeugt von Charakterstärke. Und es beweist die Fähigkeit, Fehler anders als Versagen zu bewerten:

Sie sind eine Chance, etwas zu lernen, sie ermöglichen es, etwas zu verbessern, und sie gehören zum täglichen Leben und Arbeiten.

Ein häufiger Fehler, der im Umgang mit falschen Entscheidungen auftritt, ist die Schuldzuweisung, zum Beispiel in dieser Form: »Hättest du damals gesagt, dass ...«, »Hätte ich bloß nicht so voreilig gehandelt.« oder »Warum hast du mir nicht gleich gesagt, dass ...«. Machen Sie Schluss damit, sich selbst oder anderen die Schuldfrage zu stellen. Viel sinnvoller und hilfreicher ist es, Verantwortung zu übernehmen und den Blick auf die Möglichkeiten zu richten, die Ihnen noch offen stehen.

Fragen Sie sich: »Wie kann ich den Schaden minimieren?«, »Welche Konsequenzen ziehe ich aus dieser Fehlentscheidung?», «Wie kann ich in Zukunft verhindern, dass das wieder passiert?«, »Was lerne ich aus der jetzigen Situation?«
Entscheide und gewinne

Wir lernen aus der ehrlichen Dankbarkeit dazu, aber machen aus der unehrlichen wieder alles falsch, weil wir den Unterschied entweder nicht
lernen, oder den wichtigsten Teil nicht erkennen.

Feststellung

Die Feststellung auf alle lebenden Menschen auf dieser Welt ist, dass keiner, auch kein Einziger, sich seiner angelegten Möglichkeiten wirklich bewusst ist.
Und noch keiner sie voll ausgeschöpft hat! Doch jeder von uns kann alles sein. Doch keinem ist das Geheimnis so richtig bekannt. Das Geheimnis liegt in uns selbst begraben, und zwar tief in unserem Inneren. Grenzen existieren nur dann, wenn man an sie glaubt und sie zulässt, aber in Wirklichkeit gibt es für uns keine Grenzen!

Motivation

Hast du keine Motivation mehr, und der Akku ist leer, wenn du glaubst, dass deine Energie nicht mehr ausreicht, dein Motor auf Sparflamme läuft und dich das Leben nur noch mit unangenehmen Dingen, Mist und Problemen überhäuft!
Super – stelle dich weiterhin diesem Kampf und unangenehmen An- und Herausforderungen! Was bisher in dein Leben kam, hast du auch gemeistert, und ist dir trotz alledem alles mehr oder weniger gut gelungen!

Immer, und immer wieder muss ich es deutlich sagen,
lass dich nicht mehr von ungerechten Leuten und vom Alltag plagen.
Egal, was sie sagen oder gar was Übles nachtragen,
bevor sie sich über andere beklagen,
aufpassen, dass sie nicht selbst kläglich versagen!
Alle sollten erst einmal über sich selbst nachdenken,
keine schlechten Gedanken auf andere lenken.
Um was ich dich bitte, werde bitte nicht in deinen Aktionen müde,
deine Augen hoffentlich niemals weinerlich trübe,
arbeite unermüdlich weiter und glaube immer fest an deine Träume,
sei jetzt und ab sofort nicht mehr traurig,
vor Glück, Frohsinn und Freude dein Herz überschäume …

Hör auch du damit auf, über andere schlecht zu denken und sie zu steinigen,
dein Ziel muss sein, sich mit ihnen zu vereinigen …
Ein guter und cooler Tipp von mir:
Fang jetzt sofort damit an,
deine Gedanken von negativem Müll und Unrat zu reinigen!
Wenn du willst, dass du dich nicht mehr selbst deiner Träume beraubst,
ist es sinnvoll, dass du deine alten Gedanken im Kopf abstaubst!
Fang an, wieder an dich zu glauben,
lass dir von niemanden was anderes einreden,
deine genialen und ausgereiften Fähigkeiten kann dir niemand mehr rauben.
Nun kommt auch wieder die Motivation wie ein Bumerang ins Leben zurück,
bringt dich plötzlich wieder weiter – ja, Stück für Stück.

Auch das hab ich schon oft genug geschrieben:
seid ihr auch noch so oft von negativen Einflüssen überrollt und getrieben,
lasst euch niemals mehr aus dem Konzept bringen.
Wollen sie euch dennoch mit Haut und Haaren verschlingen,
euch wird trotz allen Einflüssen weiterhin alles gelingen.
Jetzt wird hoffentlich und endgültig alles Negative
langsam aber sicher aus deinem Kopf sanft ausklingen.
Jetzt kannst du über alle Hürden und Hindernisse mit
Leichtigkeit ohne Trampolin hinüber springen.
Nein, mit diesem Denken bist du nicht allein,
und auf gar keinen Fall ein Spinner,
sondern in jeder Hinsicht ein Gewinner …

Im Verborgenen

Manches liegt immer noch im Verborgenen, man muss nur sein Herz dafür öffnen. Plötzlich wird alles klarer und kommt in Sichtweite, was vorher anscheinend doch so weit entfernt, aussichtslos und somit noch nicht erreichbar
für uns war!

Alles kommt zu seiner Zeit!
Aber vor allem, und das sei bedacht,
es (ver)-braucht auch unsere Energie.
Niemand auf diesem Planeten ist ein Genie!
Aber wer mit dem Herzen lenkt und denkt,
den Menschen auf der ganzen Welt ohne Geld,
Frieden, Gesundheit, Wohlergehen, Stabilität,
Erfolg, Reichtum, und sonstiges Gutes schenkt,
ohne Hintergedanken das Beste ihm wünscht,
und in sein Leben lenkt –
genau dieser Mensch bleibt ehrlich,
er ist mit Argumenten spärlich
aber er verfolgt sein Ziel,
mit Ausdauer und Geduld,

gibt niemals anderen für
sein eigenes Versagen die Schuld.

Wer aus seinem Leben und der Realität lernt,
hat aus seinen eigenen Fehlern sehr viel gelernt.
Ich bin überzeugt,
der eine oder andere sich über dieses Schreiben beugt.

Und in diesem Moment fügt es hinzu in eurem Sortiment,
alle Politiker, Lehrer, Eltern, Vorgesetzte, Chefs, usw.
habt ihr es im Griff, dann verbeuge ich mich mit einem Kompliment.

Leider ist es so, dass man den einfachen Weg geht,
ist ein Mensch kompliziert, und niemand mehr ihn versteht …
Die Seele ist der Ausdruck einer Persönlichkeit,
nicht die Entscheidung von Vorgesetzten, Lehrern usw.
über Gescheitheit, ein Mensch ist mehr, und das sage ich nicht spöttlich,
in der Bibel steht: der Mensch ist göttlich!

Gebt doch auch mal eure eigenen Fehler zu,
in dem Moment findet ihr selbst auch eure Ruh'.

Glück

Liebe/r Leser/in,
achte darauf, wohin du deine Aufmerksamkeit lenkst, wer neidisch und voller Hass durch das Leben geht, wird in den wenigsten Fällen, etwas Besonderes oder Einzigartiges bewegen oder erreichen können. Er ist viel zu sehr damit beschäftigt, nach anderen zu schauen, was »die« haben bzw. was »die« schon alles erreicht haben.
Kontrolliere, wohin und auf was du deine Wünsche lenkst. Denn einer, der nur mit den Augen sieht, wird das Wesentliche nicht erkennen; er wird achtlos vorübergehen, ohne noch einmal genauer hinzusehen.

Das, was wir spüren und sehen können, das glauben wir auch. Jedoch an das Unsichtbare und das, was noch für uns im Verborgenen liegt, fällt uns schwer, zu glauben. Warum eigentlich? Aber da verbirgt sich eventuell unser wahres Glück!

Wenn du in allem deine Zweifel hegst und pflegst, schiebst du damit dein eigenes Glück und die damit unbeschreiblichen Glücksgefühle nach hinten raus. Lege deine Selbstzweifel also jetzt sofort ab, und ändere dein Denken, dann klappt es auch mit deinen Zielen und Träumen. Denn der Zweifel ist eine Bremse, die dich auf gar keinen Fall weiterbringen wird, wenn du diesem unangenehmen Partner nicht den Rücken zuwendest! Also zweifle ab sofort nicht mehr an deinen großartigen Fähigkeiten und hole dir alles in dein Leben, wovon du schon immer geträumt hast. Das Glück ist kein Zufall, es ist machbar!

Sterne

Das, was wir sehen, ist alles wahr,
es ist uns deshalb aber nicht unbedingt klar.
Alles, was der Mensch nicht unmittelbar berührt,
nicht an seinen Händen spürt;
glaubt er einem anderen nicht,
und trotzdem sieht man es aus seiner eigenen Sicht.
Sehen wir jedoch des Nachts am Himmel,
die leuchtenden und funkelnden Sterne;
so glauben wir es wieder gerne!

Glück ist wie ein angenehmer Goldregen

Glück, das ist nur ein Wort mit fünf Buchstaben,
aber es lohnt sich, es sind wunderbare Gottesgaben,
es macht sehr viel Sinn, damit zu leben,
um anderen wiederum auch das Glück zu geben ...
Ohne Glück ist der Mensch oft depressiv und traurig,
es wird ihm oft bang ums Herz und schaurig.
Deshalb lass das Glück schnell in dein Herz rein,
und sei in Zukunft zu dir selbst nicht mehr so gemein.
Du wirst mit dem Glück viele Freunde, deinen Partner/in finden,
und dich möglicherweise ein Leben lang mit ihm/ihr binden.
Glück ist wie ein Magnet, mit reichlich viel Segen,
es begleitet dich ein Leben lang,
es ist wie ein angenehmer Goldregen.
Trenne daher immer den Weizen sorgsam von der Spreu,
und bleib dir selbst und deinem Glück immer treu!

Die Spielregeln des Lebens

Die Spielregeln des Lebens
sind niemals vergebens,
wer frühzeitig aufgibt, so sagt man,

hat schon verloren.
Ihr seid aber alle nicht zum Aufgeben,
sondern für das Weitermachen und für euer
eigenes Ziel auserkoren und geboren.

Mittendrin im Spiel des Lebens zu sein, das macht Spaß,
und bietet dir jeden Tag neue und viele Möglichkeiten an,
seid deshalb immer spontan,
sonst fühlt man euch etwas genauer auf den Zahn.

Achtung – Achtung – Achtung
Bleibt aktiv und mit einem hohen Maß an Lebenserwartung,
dann macht ihr im Leben plötzlich einen riesigen Sprung.
Richtig, das ist die Lösung von Ursache und Wirkung!
Wachstum heißt, sich verändern und lernen, lernen, lernen,
sich dadurch nicht mehr vom gesetzten Ziel entfernen.

Du ziehst alles an, wovon du träumst und was du in Gedanken willst,
es funktioniert wie ein Magnet.
Ein klares Bild dir im Kopf entsteht,
wenn du beharrlich und geduldig bist,
sei sicher, dieser Pfeil, hat noch nie sein Ziel verfehlt.
Das ist das Spiel mit der Resonanz,
denk deshalb positiv und sag dir, ich kann's!

Deine Gedanken sollten deshalb auch nicht immerzu wanken,
Übereinstimmung wäre da sehr wichtig,
dann kommt plötzlich alles Gute in dein Leben,
so wie du es willst, und nur so ist es auch richtig.

Das Leben hat immer zwei Seiten, das nennt man Polarität,
du kannst alles umwandeln, komm deshalb nicht mehr zu spät,
lass außerdem gleich alles los, was dich belastet,
sei nicht immerzu überhastet.

Damit tust du dir keinen Gefallen,
lass los; und plötzlich wird dir alles wie von selbst zufallen.

Nimm dir bitte für dich persönlich auch ein wenig mehr Zeit,
dann ist dir dein persönlicher Erfolg auch nicht mehr weit,
verteile an dich selbst und an andere Menschen mehr Liebe,
alles andere ist seelische Hiebe …

Macht

In allen Menschen steckt eine unglaubliche und große Macht! Leider verwenden wir sie im Laufe unseres Lebens so gut wie nie und meinen, wir müssen uns immer auf uns selbst verlassen..

Wir lassen uns einreden, dass wir nicht gut genug sind, aber genau die, die uns das suggerieren wollen, sind noch weitaus minderwertiger und ohne jegliches Selbstvertrauen, und darum suchen sie vermeintlich Schwächere, um ihre eigene noch viel größere Schwäche zu übertragen, um an ihr Ziel zu kommen ...
Was diese Menschen besser können?
-- >>Sie können es nur besser verbergen
und sind die größeren Schauspieler<<.--

Menschen manipulieren uns und wollen ihre angebliche Überlegenheit ausprobieren und somit auf uns übertragen, aber meist ist das Gegenteil der Fall, und wir merken es nicht einmal. Es fängt schon in der frühen Kindheit an, und zieht sich wie ein roter Faden durch unser ganzes Leben!

Unsere gesamte menschliche Persönlichkeit wandelt sich wie das Klima ständig und unaufhörlich, wir entwickeln dadurch unbewusst Abwehrmechanismen.

Doch Sie, liebe Leser/innen, sollten das auf gar keinen Fall zulassen, denn Sie können jederzeit Einfluss darauf nehmen und eine Wandlung ständig und immer, ja zu jeder Zeit willkürlich mitbestimmen und und/oder sich dagegen wehren!!

Legen Sie Ihre Minderwertigkeitskomplexe ab wie ein altes abgetragenes Kleidungsstück und streifen sich ein neues über, denn diese unglaubliche Macht, von der am Anfang die Rede ist, ziehen Sie dann in Ihr Leben.

Niemand hat das Recht, Sie minderwertig oder gar abwertig zu behandeln, das können nur Sie allein bestimmen ...

>>Denn<<

Wer zuviel nach anderen schaut, verliert den
Blickwinkel zu sich selbst!

Das Universum

Das Universum sind einzelne Bausteine, die man Quantenphysik nennt, und es hat bewiesen, dass das gesamte Universum aus Atomen besteht, aus so genannten subatomaren Teilchen, welche man Quanten nennt ...Konzentrierte Energie ist also nichts anderes als subatomare Teilchen, also bist auch du ein Teil davon. In deinem Leben passiert immer genau das, was du denkst (was und woran denkst du gerade?), deine Gedanken sind somit Energie,die auf einer bestimmten Frequenz schwingen, somit gibt es auch nicht den sogenannten >>Zufall<<. Wissenschaftler können mit den richtigen Instrumenten bei einer bestimmten Frequenzschwingung Gedanken oder Hirnwellen messen. Du siehst also, lieber Leser/in, mit anderen Worten, wir sind alle miteiander verbunden, alles, was du denkst, erschaffst du dir in diesem Moment selbst, achte deshalb immer auf deine Gedanken ... Denn früher oder später werden sie sichtbar werden, du bist und bleibst selbst der Schöpfer deines Lebens! Alles, was du anziehst, zieht auch dich an, alles, was in deiner

Frequenz schwingt, kannst du somit auch in dein Leben holen. Achte deshalb darauf; diese Schwingungen gelten im positiven sowie im negativen Sinne, >>für was entscheidest du dich<<? Für alles bisherige, was in dein Leben gekommen ist, hast du dir also bewusst oder unbewusst Zeit genommen. Sei geduldig, es wird werden, wie du willst, gönne deshalb und wünsche jedem Menschen in deiner Umgebung/Umfeld all das, was für dich selbst auch gut ist. Wünsche ihnen z.B. Glück, Gesundheit, Wohlstand, Harmonie, Liebe, und was dir sonst noch so einfällt, denn das tust du auch für dich selbst, denke immer daran, wir sind alle miteinander verbunden ....Du glaubst es immer noch nicht? Denk einfach mal darüber nach, was du schon immer gerne haben wolltest! An ein gutes Buch, einen Theaterbesuch, einen tollen Urlaub, einen Job, der dich voll und ganz ausfüllt, oder einen Menschen, den du schon lange nicht mehr gesehen hast, stelle dir lebhaft vor, wie du mit ihm/ihr einen Kaffee trinkst und ihr euch dabei ganz angeregt über frühere Zeiten unterhaltet. Du wirst nicht lange warten müssen, bis dieser Mensch wieder in deinem Leben auftaucht. Das ist nur ein Beispiel unter vielen, es funktioniert aber mit allem, was du abrufen oder erleben möchtest! Probier es doch einfach mal aus, fang am besten gleich damit an, denn Zeit ist kostbar. Alles, was du wirklich willst und dir mit einem ehrlichen Herzen ersehnst und es dir dabei auch noch bildlich vorstellen kannst, wirst du in dein Leben rufen/holen. Du funktionierst dann wie ein Magnet, der ranzieht, was immer du auch willst oder dir wünschst. Vielleicht hört sich das im Moment noch für dich unglaublich an, aber so ist das eben nunmal ... Das Zauberwort dafür heißt auch hier üben, üben, üben – >>JETZT<< Wir wünschen dir von ganzem Herzen, dass du bei der Umsetzung deiner Gedanken, Wünsche und Träume nie deine Ziele aus den Augen verlierst und natürlich viel -- ERFOLG -- in allem, was auch immer du dir wünschst, im positiven Sinne gesehen!

Der April

Der April ist ein schöner und abwechslungsreicher Monat,
auch wenn er dafür seinen eigenen Lohn hat.
Er bringt uns an manchen Tagen

alle nur denkbaren Wetterlagen ...
Die Menschen sehen ihn jedoch
in seiner beeindruckenden
Vielseitigkeit als Plagen.
Doch danach wird ein April
in seinen vielen Facetten
sicherlich nicht fragen!
Er fühlt sich so, wie er ist, vollkommen,
richtig und gut platziert,
Gott hat ihn im Kalender gut einquartiert.
So kann er doch, wie er will, an der Wetterkurbel
wenden und drehen,
ihr könnt es ja jedes Jahr
aufs Neue beobachten und mit eigenen Augen sehen.

Mache es wie der April, der macht, was er will, lass dir in deinem Leben nicht immer alles vorschreiben, was du zu tun bzw. zu lassen hast. Konzentriere dich auf deine Vorstellungen, die du für dich im Unterbewussten getroffen hast, und dann gehe es an ... Vertraue dir selbst; wenn du erst einmal deine Pläne in Taten umgesetzt hast, kann das niemand mehr aufhalten. Aber den ersten Schritt – den musst du selbst tun.
Gehe deinen eigenen Weg und lasse dich von niemanden mehr umstimmen oder aufhalten, du hast das Recht dazu!

Reich

Wir sind reich, wenn wir Gutes tun!

Selbst

Wenn du wirklich etwas erreichen willst, dann darfst du niemand anderen fragen als dich selbst! Denn keiner kennt die Antwort besser als – DU –
Wenn du dein SELBST wirklich verstehen lernen willst, musst du dir der Tatsache bewusst werden, dass du sowohl ein materieller Körper als auch ein nichtmaterieller Körper bist. Das wiederum heißt: In dir ist ein höheres ICH, nennen wir es dein großes ICH.

Was glaubst du, wer in diesem Moment diese Zeilen liest, für dich atmet, für dich beobachtet oder wer für dich denkt? Denke selbst mal kurz darüber nach.
Es ist eine Quelle von allem, es ist der Ursprung der Schöpfung. Hast du immer noch Zweifel, dass alles miteinander verbunden ist? Also auch deine Wünsche …

Lerne zu verstehen, es gibt niemals ein Aufwärts ohne ein Abwärts! Du musst erst vorher darin leben, um das zu verstehen.

Du selbst kannst sehr viel in diese Welt mit einbringen!

Liebe Leser/innen,
Jeder sollte sein Leben so gut es geht selbst in die Hand nehmen! Wenn Sie die Entscheidung getroffen haben, in Ihrem Leben etwas zu verändern, dann beginnen Sie mit der Umsetzung Ihres Zieles sofort, und schieben Sie nichts mehr auf die lange Bank.

- Arbeiten Sie für Chefs, die Sie fördern oder die Sie unterdrücken?
- Haben Ihre Chefs Ihre Talente erkannt oder vergeuden Sie sie einfach so?
- Werden Sie für Ihre Arbeit, die Sie für Ihren Chef tun, angemessen bezahlt?
- Sind Ihre Vorgesetzten gerecht und arbeiten mit Ihnen im Team?
- Werden Sie gemobbt?

Sollte das eine oder andere, oder im schlechtesten alles, der Fall sein, dann sollten Sie schnellstens etwas ändern!
Nehmen Sie Ihr Leben in die Hand, und machen Sie das Beste daraus, denn schlimmer kann es dann auch nicht mehr kommen, als es ohnehin schon ist!
Es kann nur besser werden!

Glaube an deine Ziele und Träume!

Das, was du Gutes in diese Welt mit einbringen kannst, solltest du auf gar keinen Fall nur für dich alleine behalten, sondern die Menschheit daran teilhaben lassen. Alle brauchen deine Ideen und Inspirationen, sie sind für den Fortschritt wichtig oder können den Menschen irgendwie behilflich sein, vielleicht sogar für den Einzelnen auch zu einer besseren Lebensqualität beitragen.

Die Menschheit will wissen, was du zu sagen hast, teile es ihnen mit, du hast ein Recht dazu, also nutze deine Vorteile aus und gib uns, was du an Ideen zu geben hast.

Lieber etwas laut und deutlich gesagt, dafür aber kein Magengeschwür oder einen Herzinfarkt, das ist doch viel besser für deine Gesundheit. Vom totschweigen hat niemand etwas ... Also noch einmal: Sag, was du zu sagen hast! Im ersten Moment weißt du noch nicht, wie weit es dich eventuell bringen wird. Du musst es tun, sonst wirst du es nie erfahren. Fang heute noch damit an, deine Ideen und Inspirationen in die Tat umzusetzen!

Du bist hier auf dieser schönen Erde dein eigener Denker, du erschaffst dir mit deinen Gedanken und Worten genau das, wonach du dich sehnst. Schaffst du es nicht alleine, werden Menschen in dein Leben treten, die dir dabei behilflich sein werden, deine Wünsche und Träume in die Realität umzusetzen. Sprich es einfach aus, was du dir wünschst oder was du schon lange einmal jemand sagen wolltest, und Hilfe wird zu dir eilen!

Glaube an deine Träume, in jeder Sekunde, und sie werden sich verwirklichen. Nur du alleine bist in der Lage, das in dir auch hervorzubringen. Höre in dich hinein, es will dir jemand tief in deinem Innern verraten, wie du es angehen musst. Das Geheimnis ist bereits mit dir verwurzelt, alles Schöne existiert bereits in deiner Mitte. Du musst es nur noch hervorbringen!

Fang doch am besten gleich damit an! >>Jetzt<<

Lasst eure Herzen für alles Schöne aufgehen und erblühen, seid vor allem aber dankbar, für alles, was euch in eurem Leben Gutes begegnet! Seid dankbar dafür, dass ihr leben dürft, dass ihr hören, sehen und schmecken dürft; und es gibt so viel mehr, wofür wir über den Tag hin-

weg dankbar sein können. Das alles ist nicht immer nur eine Selbstverständlichkeit.
Miteinander sind wir plötzlich stark und können alles bewegen. Es setzt unglaubliche Kräfte in Bewegung; da ist auf einmal nichts mehr unmöglich!
Bleib so, wie du bist, lasse dich von niemandem ändern oder verändern, du bist hier auf dieser Erde einmalig. Dein Denken ist einmalig, dein Lachen ist einmalig, dein Handeln und Sprechen sind einmalig. Niemand außer dir selbst handelt und denkt so wie du! Niemand weiß von deinen Gedanken, schreibe sie auf, höre tief in dich hinein. Und dann beginne mit der Umsetzung deiner Ziele. Setze dir aber Ziele, die am Anfang realistisch und somit auch für dich erreichbar sind.
Du alleine trägst es in deinem Geist, was du wirklich willst und was nicht, gib also niemandem die Schuld, wenn es nicht so läuft oder kommt, wie du es für dich bestimmt hast. Für dein Glück oder Unglück bist immer und in jedem Fall nur du selbst verantwortlich, wohin deine Reise im Spiel des Lebens letztendlich gehen soll.
Prüfe deshalb und kontrolliere deine Gedanken regelmäßig: Ist es wirklich das Richtige für mich oder bin ich mir noch unsicher? In beidem behältst du jedenfalls immer Recht!

Die Gedanken

Es überrascht mich immer wieder aufs Neue,
wie die Gedanken
ständig wandern und wanken.
Keiner weiß so genau, was soll er eigentlich tun,
kann überhaupt nicht richtig ruhn.
Die Gedanken sind immer auf einer langen Reise,
aber auf eine ganz besondere Art und Weise.
Gedanken sind jedoch für jeden Menschen
ganz persönlich und von einzigartiger Art,
keiner im Umgang damit spart.
Schicken sie weg, und holen sie
je nach Bedarf wieder zu uns her,

sonst wären logischerweise unsere
Köpfe und Verstand, und somit
auch jegliche Gefühle völlig leer.

Die Blume, die sich nichts traut

Eine kleine Blume stand traurig auf der Wiese, war immer neidisch auf die anderen, aber vor allem auf die farbenprächtigeren Wiesenblumen, die um sie herum standen. Ständig sah sie nur, wie schön und majestätisch die anderen Blumen waren, mit ihrer wunderschönen Farbenpracht. Alle strahlten um sie herum mit ihren weißen, blauen, gelben, violetten oder purpurfarbenen und glänzenden Kleidchen, Röckchen und Mäntelchen. Nur sich selbst fand es nicht schön, und jammerte und klagte immerzu. Es seufzte ständig: »Oh, wenn ich doch nur auch so schön und elegant wäre wie meine Nachbarn um mich herum.«

Dann, so glaubte sie, würden mich bestimmt auch die Kinder zu ihrem Blumenstrauß mit dazu pflücken, sie zu Hause in eine Vase stellen, um sich an ihr zu erfreuen und glücklich zu machen. Doch die Kinder liefen einfach an dem einsamen und unglücklichen Blümchen vorbei – ohne es auch nur einmal zu beachten und hinzusehen.

Dadurch wurde es aber nur noch trauriger und weinte den ganzen Tag über. Und weil es über den Tag so sehr weinte und sich überhaupt nicht mehr beruhigen konnte und es auch niemand trösten konnte, weinte es auch noch die ganze Nacht hindurch.

Und das ging ein paar Tage so weiter, bis keine einzige Träne mehr aus ihr herauskam. Da meinte oder glaubte sie, eine innere Stimme gehört zu haben, die zu ihr sprach: »Warum weinst du, du wunderschönes Wesen der Natur?« Die Stimme fuhr fort: »Fang am besten gleich und sofort damit an, dich selbst zu mögen, und lerne dich selbst zu lieben. Du wirst sehen und die wundersame Erfahrung machen, dass dich plötzlich jeder lieb hat, und es kaum erwarten kann, dich zu pflücken, zu Hause in die Vase stellen darf, um dich stundenlang, Tage und Monate, zu betrachten.«

Das Blümchen glaubte und vertraute der Stimme und erstrahlte in den schönsten und prächtigsten Farben. Da dauerte es auch nicht mehr lange und ein kleiner Junge kam des Weges, um für seine schwerkranke Mutter einen Blumenstrauß zu pflücken. Er hatte auch schon einige schöne Blumen gepflückt, als er plötzlich unser einsames, für ihn aber einzigartiges Blümchen für sich entdeckte und es schnell pflückte, um seinen Wiesenstrauß damit noch zu verschönern.

Dieses Blümchen leuchtete ihm über den ganzen Weg wie eine kleine Sonne oder wie ein heller Stern am Himmel. Es wurde ihm dadurch tief im Inneren immer freudiger und fröhlicher zu Mute und warm um sein kleines Herz! Vor lauter Übermut sprang er glücklich, wie schon lange nicht mehr, immer wieder in die Höhe und pfiff dabei aus vollster Seele seine Lieblingslieder.

Jetzt konnte er es nicht mehr abwarten, seiner Mutter diesen Blumenstrauß zu zeigen, um ihr eine Freude zu machen. Voller Glück, Dankbarkeit und Liebe übergab er seiner kranken Mutti seinen selbst gepflückten Strauß, um ihn an ihr Krankenbett in eine Vase zu stellen, sodass sie an diesen wunderschönen Gewächsen auch ihre Freude haben sollte.

Seine Mutter trug auf seltsame Weise, so wie auch er zuvor, so viel Glücksgefühle in sich, dass ihr Herz vor Freude überschäumte und diesen kleinen Blumenstrauß insbesondere die einsame Blume als kleines Wunder ansah.

Das Blümchen, das glaubte, es sei hässlich, allein und niemand wolle es haben, fing hell an zu leuchten, leuchtete der kranken Mutter immer heller ins Gesicht und zeigte sich in seiner schönster und prächtigsten Farbenpracht. Seine Mutter fing mit der Blume an, um die Wette zu strahlen. Dabei vergaß sie völlig ihre Krankheit, und je öfter und länger sie die leuchtende und strahlende Blume anschaute, desto mehr fing auch sie an, leuchtender und glücklicher zu strahlen … Wie durch ein Wunder spürte sie ihre Schmerzen und Krankheit nicht mehr!

Dieses kleine Blümchen glaubte und meinte, ein Niemand und somit auch nichts Besonderes zu sein. Doch das Gegenteil ist der

Fall, jeder von uns ist einzigartig und deshalb auch etwas Besonderes – so wie dieses Blümchen, das von sich glaubte, keine besondere Aufgabe hier zu haben und sich mutlos aufgeben wollte. Bis der kleine Junge kam, der diese Blume als etwas ganz Besonderes ansah. Sie hatten sich gesucht und gefunden.
Mit ihrem wiedergefundenen Vertrauen an sich selbst fing auch das Blümchen wieder an, so hell und leuchtend zu strahlen, dass es sogar für andere ausreichte und darüber hinaus noch eine heilsame Wirkung ausübte.
Das gleiche gilt auch für dich. Fange noch heute an, dich zu lieben und du wirst sein wie die kleine Blume in meiner Geschichte, die nicht nur sich selbst glücklicher machte, sondern auch andere Menschen um sich herum. Die Liebe in deinem Herzen wird alles überleben, es ist nie zu spät.

Wenn man sich selbst nichts zutraut...

Wenn man sich selbst nichts zutraut
und in sich alles anstaut,
braucht man wieder jemanden,
der einem Mut macht und einen liebevoll aufbaut.
Gott sei Dank fällt immer wieder ein Lichtstrahl
in unser oft so trübes Leben ein, und stehen
wir manchmal auch noch so oft im Dunkeln,
denken wir dennoch banal.
Es heißt nicht umsonst in einem altbekannten Sprichwort:
im Dunkeln lässt es sich gut munkeln …

Was ist damit wohl gemeint,
wird dort wohl mehr gelacht
oder mehr geweint?
Dieses Sprichwort hat sehr viele Aussagen,
wir können heute leider nicht alle hinterfragen.
Eines ist für mich allerdings doch völlig klar,
und ich halte es persönlich auch für wahr.

Wir können doch über das eine
oder andere munkeln,
schöner ist jedoch, miteinander,
fröhlich und ausgelassen zu schunkeln.
Es sei auch noch als zweitens gut bedacht,
und das sage ich nicht nur aus grobem Verdacht,
helft dem, der nach Hilfe schreit,
immer und zu jeder Zeit.
Für jemanden, der Hilfe braucht, ist der
Weg oft schwer und weit,
seid dafür schnell, und überall
auf der ganzen Welt bereit.

Wenn einer Sorgen hat und ist dadurch erweicht,
seine Hautfarbe blass ist und weiß erbleicht,
so hilf gleich, ja wenn es geht sofort,
schick ihn nicht weg, hilf vor Ort.
Er braucht dich zwingend,
sofort heißt DRINGEND.

Denn das eine kann ich euch schon mit
hundertprozentiger Sicherheit sagen,
und da könnt ihr jeden danach fragen,
ein sorgenvolles und mit Kummer beladenes
schweres Herz lässt sich gemeinsam
einfacher und leichter tragen.
Deshalb, wenn ihr könnt, dann teilt doch
einfach euren Kummer,
das ist im wahren Leben höchstwahrscheinlich
die einfachere und die gesündere Nummer,
helft euch, wenn es geht, nach Möglichkeit ALLE,
das erzeugt auf unserem Planeten positive Intervalle!

Sagt nicht nein,
seid nicht gemein.

Ihr werdet sehen, danach
geht es immer
mehr Menschen gut,
probiert es selbst einmal aus,
helft – habt dazu den Mut.
Helft, egal wo auch immer und so
gut ihr nur könnt,
jeder Mensch auf der ganzen Welt –
ab sofort nur noch das Beste euch gönnt.
Helfen ist eine der größten Tugend'.
Leider lernt man es nicht mehr
in frühester Jugend.
Seid jetzt etwas kesser,
macht damit die Welt –
ein Stück weit besser.
Pocht nicht unbedingt auf einen Sieg,
dann gibt es auch keinen Krieg.
Weißt du, was ich damit meine,
geh deinen Weg und lass dem anderen das seine ...
Hör auf, sei nicht mehr ungerecht,
sei einfach nicht mehr schlecht.
In diesem Moment bist du ein Gewinner!
Jeder andere nennt dich eventuell einen Spinner.
Dein Leben beginnt aber in diesem Moment,
wenn du für andere Menschen weniger nimmst,
aber dafür mehr gibst,
mit deinem Herzen liebst.
Du wirst nur noch dem Guten begegnen,
der Himmel wird dich dafür reichlich segnen.

Einschätzung

Wie ist Ihre Einschätzung zu sich selbst, was glauben oder denken Sie von sich? Sind Sie eher ein Gewinner, oder ein Verlierer, ordnen Sie sich eher zu den Glücklichen und Gewinnern ein? Oder glauben Sie eher, Sie

stehen auf der Seite der Verlierer? Meinen Sie, Sie kommen zu kurz oder das Leben meint es im allgemeinen nicht gut mit Ihnen?
Es ist völlig egal, was Sie denken oder glauben, Sie werden in jedem Fall Recht behalten. Denn das Bild, das Sie von sich haben und sich zurechtlegen, entscheidet über Ihr Leben.

Ob es nun um Glück, Geld, Reichtum, Gesundheit, Erfolg usw. geht, hängt letztlich nicht nur von Ihren Fähigkeiten alleine ab, sondern auch von Ihrem Glauben. Es gibt genug Menschen, die haben noch und nöcher Fähigkeiten und Talente und führen trotz alledem ein unausgeglichenes und unerfülltes Leben, weil sie glauben und der Meinung sind, dass sie unbegabt sind. Aber Tatsache ist auch, dass Ihre Gedanken ungeheure Kraft und Macht haben, die letztlich Ihr gesamtes Tun und Lassen beeinflussen können.

Je positiver diese sind, und je positiver man sie formuliert, desto mehr spiegeln sie sich in Ihrem Alltag wieder. Und seien Sie sich dessen bewusst und gewiss: Sie können alles erreichen, wenn Sie es ernsthaft wollen und fest genug an Ihre eigenen Fähigkeiten glauben!

Denken heißt immer, die eigene Spur zu finden

Denken heißt immer, sich auch selbst zu lenken.
Das Leben verlangt deine eigene Spur,
ansonsten rennst du ständig
von einer zur nächsten Kur.

Nimm am besten das, was du wirklich willst,
möglichst alles selbst in die Hand.
Dann rennst du vermutlich auch nicht mehr zur Kur,
und auch nicht gegen eine Wand.
Nein, dann bist du wie ausgewechselt!
Du bist plötzlich vor lauter innerlicher Freude
außer Rand und Band.

Alles, was du willst, kannst du mit
deinem eigenen Denken auch erreichen,
stell dazu die Weichen.
Du hast unendlich viel Ausdauer, also
lass dich von nichts und niemandem mehr erweichen.
Aber sei sicher, du wirst dein Ziel erreichen.
Am Anfang kann es sein, es geht langsam voran,
doch später wirst du dahinrennen,
lass dich nicht mehr davon trennen ...

Lass dich auch nicht mehr von negativen Gedanken betrügen
nimm die positiven, sie werden dich jedenfalls niemals belügen.
Vertraue dir selbst, deiner inneren Stärke,
dann vollbringst du noch unglaubliche Werke.
In dir wohnt auch eine unglaubliche Macht,
merkst du schon, wie dein kleines Kind in dir
und dein sehnsüchtiges Herz schon vor Freude
über deine neue Lebenseinstellung lacht?

Jetzt heißt es nur noch ein wenig Mut,
um es auch noch in die Tat umzusetzen.
Und genau das wird dich in eine neue Dimension versetzen ...
Noch etwas Geduld und Kraft,
dann hast du es bald geschafft,
und fühlst dich dabei noch wohl und heiter.
Deshalb rate ich dir, mach dann immer genau so und immer weiter ...
Das bringt dich letztlich auch an das von dir ausgedachte Ziel.
Denke daher positiv, denn das bringt dir am Ende sehr, sehr viel.
Denn auch das Leben, wenn du es nur genau genug betrachtest,
ist nichts anderes als ein schönes, abwechslungsreiches, wunderbares
und dennoch ein sehr aufregendes Spiel!
Du läufst mit Gottes Segen
plötzlich auf immer schöneren und neueren Wegen.

Diese Wege führen dich aber immer genau dorthin,
wohin du letztlich willst,
wenn du nur deine negativen Gedanken killst!
Es werden dich dann liebevolle Gedanken berühren,
du wirst sie in dir dann auch genauso spüren.
Lass dich dann zu tollen, genialen, einzigartigen
Taten inspirieren und verführen!
Und wenn man es als letztes noch richtig bedenkt,
wird dein Leben, wenn du es richtig machst
und zulässt, in deine eigene Spur gelenkt.

Glück und Frieden

Wir wollen alle und zwar ausnahmslos Frieden,
unsere Seele sehnt sich danach,
so viele Herzen liegen deshalb brach.

Ständig werden wir vom Alltag getrieben,
vergessen deshalb unsere Mitmenschen,
aber vor allem auch uns selbst, ein wenig mehr zu lieben.
Das wirklich Schöne im Leben
wird dadurch auch leider viel zu oft vertrieben.
Doch das alles lässt sich nicht so einfach verschieben …

Nehmt euch mehr Zeit für die tollen Dinge und Träume,
die noch so sehnsüchtig auf euch warten.
Wartet aber nicht zu lange, Zeit ist knapp, nein, nicht papperlapapp,
lasst uns dieses Mal, jetzt, gleich und sofort durchstarten!
Auch ein Genie,
weiß nie
wie lange er von dieser so kostbaren Zeit noch
zur Verfügung hat,
und wie lange dir noch bleibt.

Deshalb hört gut zu und wenn ihr mögt, dann schreibt.
Die Zeit ist das kostbarste Gut auf der Erde,
deshalb steh auf und sei nicht mehr passiv,
mach, was dir gefällt, werde sofort aktiv.
Gönne dir etwas Gutes, sei voll positiven Mutes,
hilf auch anderen, sofern du kannst, aus ihrem Schlamassel,
höre nicht auf das negative Gequassel.

Nimm dein Leben jetzt in die Hand,
und dann sei gespannt!
dir wird sehr viel Schönes widerfahren.
Probiere es aus, was ich meine, wirst du an dir
dann schon selbst erfahren.
Du wirst sehen – mit deinen Gefühlen
brauchst du dann erst recht nicht mehr zu sparen.
Dein Leben wird plötzlich voller Glück,
denn was du gibst,
kommt selbstverständlich
und in jedem Fall wieder zu dir zurück ...

Freue dich nun auf den Winter,
freue dich, wenn es dicke Schneeflocken schneit.
Dann ist die Weihnachtszeit auch nicht mehr weit,
das Fest der Liebe und der Freude kommt nun langsam in Sicht,
da hast du dich schon immer ganz besonders gefreut als kleiner Wicht.
Vergiss nun deine Sorgen von morgen.

Liebe Leute,
lebt bewusst und konzentriert euch nur noch auf das Heute.
Freut euch auf das bevorstehende Weihnachtsfest.
Auch, wenn euch wenig bleibt,
teilt miteinander den Rest.
Ihr werdet für alle eure kleinen Gaben reich belohnt,
aber auch das Große sei mit einem Atemzug noch betont!

Alles, was ihr aus einem vollen und ehrlichen Herzen macht,
das Leben selbst mit dem freundlichsten Gesicht zu euch rüber lacht
so lange ihr lebt,
gerne gebt,
auch wenn es euch manchmal widerstrebt,
denn wer gibt, das Herz ihm im Leibe lacht
und unaufhörlich vor Dankbarkeit bebt.
Beschert euch reichlich zum Weihnachtsfest,
aber auch noch im neuen Jahr!
Vielleicht bist du da auch schon ein gefeierter Star,
dann wäre ja und ist alles klar.
Das Leben selbst ist und bleibt eben ein Wunder,
deshalb wird es nicht nur durch die schönen Tage,
nein, auch durch die trüben Tage immer bunter und bunter …

Ich jedenfalls wünsche euch von ganzem Herzen
keine körperlichen oder seelischen Schmerzen.
Feiert das Fest der Liebe ohne Verdruss,
dafür aber mit noch viel mehr Genuss.
Genießt und feiert die schönen Tage,
vergesst die Alltagsplage!
Alles, was ihr euch wünscht, soll in Erfüllung gehen
und noch vieles, vieles mehr.
Genau das wünscht sich euer sehnsüchtiges Herz so sehr!
Gebt gute und glückliche Wünsche weiter,
bleibt dabei möglichst heiter,
der nächste Schritt ist dann sicher
auf Eurer Lebensleiter!

Liebe ist …

Liebe ist, wenn es einem das Herz zerreißt,
so schmerzhaft, als wenn uns z.B. ein Hund ins Wadenbein beißt.
Es kommt uns so vor, als wenn uns einer des Platzes verweist.

Doch alle und ein jeder glaubt,
sie könnten reichlich Liebe geben.
Ohne jedenfalls kann kein Lebewesen
auf unserem Planeten überleben.

Mit nur wenigen Worten,
an verschiedenen Orten,
streiten, verletzen und beleidigen sie sich.
Daraus entsteht oft ein gnadenloser und endloser Streit.
Seid unbedingt für neues bereit –
wenig später tut es einem tief im Inneren
aber doch wieder alles leid …

Alles das ist doch noch kein Problem,
wären wir doch alle nicht zu bequem.
Familien, Nachbarn, Arbeitskollegen usw.
haben durch unseren Streit mehr als nur gelitten,
bleiben aber trotzdem immer noch verstritten.
Keiner macht den Anfang; Hallo und sagt
»Entschuldigung, ich habe dir sehr weh getan.«
Komm, mein Freund, sag es nur einmal,
aber dann – bitte – ganz spontan!

Sag doch einfach nur einmal »Ich liebe dich«
und dann bereue.
Du wirst überrascht sein,
siehe da, so schnell verliebt man sich
in die alte Liebe – wieder – aufs Neue!

Doch für diejenigen, für die es nicht so einfach ist,
es mit diesen drei Worten zu sagen,
brauchen sich auch nicht mehr länger zu beklagen.
Auch wenn dich immer noch Zweifel in deinem Herzen plagen,
niemand geht dir dafür an den Kragen,
Liebe geht immer erst durch den Magen …

Lebe und liebe, dabei kannst du dein Herz drehen und wenden,
streng dich an, fange sofort damit an.
Worte der Liebe ins Herz zu dem Menschen, den du liebst, zu lenken.
Bevor du was sagst, immer zuerst das Beste von ihr/ihm zu denken!

Wegen der oft auch falsch verstandenen Liebe
gibt es leider immer wieder neue Kriege,
und dennoch keine eindeutigen Siege.

Es gibt hier auf Erden keine Verlierer bzw. Gewinner,
wer so denkt, ist in meinen Augen ein Spinner.
Auch wenn große Krieger nach Orten und Straßen benannt,
waren sie nur für einen kurzen Augenblick hier auf Erden bekannt.
Denkt mal nach, aber sacht, wer jetzt darüber lacht,
dem hat es sehr viel gebracht und hat über meine Worte nachgedacht …

Im Moment ist der jetzige Stand,
wir Menschen sind doch alle
in irgendeiner Form miteinander verwandt.
Deshalb gebt euch nicht die Blöße
und seid wegen einer jeder Kleinigkeit
nicht mehr aufeinander böse!

Gebt euch ehrliche und aufrichtige Liebe,
dann wird sich das Blatt der Zukunft
für euch schnell wenden,
lasst euch nicht mehr von Hass und Neid blenden.
Fangt jetzt damit an, an alle Menschen, die ihr lieb habt,
Gedanken der Liebe und Freundlichkeit zu senden,
das ist noch viel, viel, viel mehr wert,
als Geld oder Blut zu spenden!

Geh deinen eigenen Weg!

Geh deinen eigenen Weg,
den, den du spürst im Herzen,
der erweist dir für gewöhnlich innerliche Schmerzen.
Aber genau er wird dich niemals in eine falsche Richtung führen,
du wirst es in dir genau spüren.
Dein Bauchgefühl wird dir sagen, ob du richtig liegst,
ob du gewinnst oder ob du siegst. –
Beides ist in dem Moment völlig egal,
denn du hast selbst immer die richtige oder falsche Wahl.
Gib deshalb niemals für deine Entscheidungen
einem anderen die Schuld,
vielleicht brauchst du für die nächste
noch etwas mehr Geduld …
Bei allem, und das ist sicher,
begleitet dich immer heimlich das Gekicher …
Und genau das bringt den Starken immer weiter.
Bleibt dabei ruhig, gelassen und heiter.
Der, der nicht probiert – verliert!

Liebe ist in Dir

Liebe ist in dir, in geordneten Verhältnissen.
Ist es nicht so, wirst du sie irgendwann und irgendwo vermissen.
Liebe ist in dir, und gibt dir den Glauben für mehr.
Jeder Mensch wünscht sich das so sehr!
Dein Körper und deine Seele wären für die Zukunft nicht mehr leer.
In dir ist und lebt die potenzielle Kraft,
sie verleiht dir Lebenssaft und unendliche Macht.
Liebe ist das, was uns als Mensch erst ausmacht.
Es gibt trotzdem immer noch Menschen,
der, die, das über so eine Aussage lacht.
Trotzdem ist alles für den Menschen optimal gemacht.
Doch wir sind alle, und das kann niemand auf dieser ganzen Welt be-

streiten, miteinander verbunden,
egal, wie viele Sekunden, Minuten oder Stunden,
kommen wir immer und immer wieder gemeinsam,
ohne dass wir es merken, über die Runden.
Lasst uns das Leben neu erkunden!
Denn eins sei dir gewiss: betrachte das Leben
nicht mit viel Biss,
hab dabei nicht Schiss,
wenn‘s Probleme gibt,
nicht in die Hose dir piss …
Denn eins merke dir jetzt und auf der Stelle,
sei deshalb ganz Ohr, gescheit und helle,
für jeden für uns ist das Leben bis auf das feinste
erdacht und ausgemacht.
Deshalb bitte ich Euch, meine lieben Leser/innen
wenn es auch einmal so richtig kracht,
euch keine Sorgen macht,
morgen für euch die Sonne wieder lacht!
Fällt einmal die Schranke,
sag einfach Danke …
Es geht immer weiter,
sei dankbar, sei heiter; wie gesagt, es geht immer weiter.
Danke, danke – Dankbarkeit ist das Zauberwort –
mach es vor allem immer mit Vernunft,
das ist gut, für deine Zukunft.

Tritte und Hiebe

Du suchst verzweifelt nach Liebe,
kriegst dafür ständig Tritte und Hiebe.
Dann, mein Freund, ob du es glaubst oder nicht,
bist du auf dem richtigen Weg, mein Lieber!
Dein Herz, deine Seele, dein Geist – treibt in deinem Körper
die richtige Temperatur auf Erfolgsfieber.
In der Bibel steht geschrieben,

liebe deinen Nächsten wie dich selbst,
auch wenn du dir in deinem Spiegel darin nicht mehr gefällst.
Du bist einmalig auf dieser Welt,
mit oder ohne Geld.
Menschen brauchen genau dich, so wie du bist,
ohne jegliche List.
Aus deinem Herzen fühlen sie, wie du ehrlich denkst;
verbinde dich mit ihnen, in diesem Moment.
Mit allen Menschen, mit deinen Gedanken und Gefühlen,
du dein Leben ganz alleine lenkst!
Sie wissen es dann ganz genau.
Vertraue dir und der höheren Macht,
dein Herz vor Freude laut lacht,
du hast es gut gemacht.
Du bist optimal und gut,
macht was Neues, bringt auf den Mut!

Leben und Kraft ...

Verfolge dein Leben mit viel Stil,
erlaube dir selber nicht zu viel,
gebe dir selbst nicht zu viel Macht,
gehe jeden Tag neu an, aber sacht.
Nicht mit Vollgas, sonst verlässt dich schnell die Kraft,
das Leben dich dafür rafft,
dann sinkst du Stück für Stück,
in die Realität zurück ...
Denke immer daran, das Leben ist bedacht,
aber, lieber Mensch, für dich gemacht ...

Liegst du mal so richtig im Dreck

Liegst du mal so richtig im Dreck,
siehst du plötzlich das Leben mit anderen Augen,
es hat plötzlich wieder alles einen Zweck.

Musst du mal so richtig leiden,
kommst du nicht mehr dazu, andere zu beneiden.
Lebe, lebe dein Leben, lebe deinen Traum,
trinke in vollen Zügen den Champagnerschaum,
aber konzentriere dich auf deinen eigenen Lebensraum …
Du bist einmalig auf dieser Welt,
liebenswert für jeden, mit oder ohne Geld!
Deshalb lebe dein Leben in vollen Zügen,
du brauchst dich niemals mehr selbst deshalb zu belügen!
Du hast das Recht auf ein vollkommenes Leben,
vertraue und du wirst auf dem richtigen Weg schweben …

Heute

Heute geht es erst richtig los.
Leg bloß deine Hände nicht in den Schoß.
Versuch es immer wieder, nicht nur ab und zu.
Gib nicht auf, gib einfach keine Ruh.
Nimm es dann so, wie es dann kommt,
ich garantiere dir, dann gewinnst du prompt!
Lasse es zu und gewähre es mit viel Mut,
dann zieht noch so mancher vor dir den Hut!

Die Reise in das Glück

Geht und holt euch Euer Glück,
erst dann kommt von eurer Reise zurück …
Berichtet, was ihr erlebt und Neues erkannt,
seid ihr etwa immer noch nicht im Rundfunk oder Fernsehen bekannt?
Wie viel Zeit muss man denn euch noch geben,
das Leben ist zu kurz, um nichts Sinnvolles anzustreben!
Blickt, egal, was Ihr einmal werdet, an euch selber hoch,
sonst werdet ihr betrogen, verarscht und belogen …

Behalte alles …

Behalte alles Positive in deinem Gedächtnis, mache es zu deinem persönlichen Vermächtnis!

Spruch

Der lauteste Frieden, ist immer noch besser, als der leiseste Panzer.

Er spricht

Er spricht leise, man kann ihn kaum noch verstehen,
er ist müde, er kann kaum noch gehen,
er sieht gut aus, kann es aber kaum noch sehen …
Wird sich das Blatt noch wenden?
Sollte er eine Nachricht an das Universum senden?
Wird er seinen Mann wieder stehen?
Ja, er hilft wieder mit, an der Mutter Erde zu drehen …

Was in deinem Leben auftaucht …

Für alles Bisherige, was in dein Leben gekommen ist,
hast du dir bewusst oder unbewusst Zeit genommen.
Sei geduldig, es wird werden, wie du es willst,
gönne und wünsche jedem Menschen in deiner
Umgebung all das, was für dich selbst gut ist.
Wünsche ihnen besonders viel Glück, Gesundheit,
Wohlstand, Harmonie, Erfolg, Schönheit und was dir eben
sonst noch in deinen Gedanken Gutes einfällt,
denn das, was du anderen wünschst,
tust du auch gleichzeitig für dich selbst!

Texte, Sprüche -und Zitate von Horst Volz – Teil 2

Danke, an all die Menschen,
die mein Buch
»Das, was du denkst, das bist du auch« *
gekauft und weiterempfohlen haben!
*Alle Rechte beim Autor!

Horst Volz
Autor und Verfasser

Versagensängste...

Die Versagensängste können manchmal schlimmer sein als das Versagen selbst. Zu scheitern ist nichts Schlimmes, es werden uns nur Grenzen aufgezeigt, die es zu knacken gilt. Wer das Scheitern als Niederlage empfindet, ist auf dem Holzweg, denn ein jedes sogennantes Scheitern ist ein Lernprozess und eine wichtige Erfahrung, aus der wir dazulernen! Wer also heikle Situationen meidet, der beraubt sich selbst der Chancen zum Erfolg. Lerning by doing ist z B. eine Strategie, die wir schon seit der frühesten Jugend erfolgreich praktizieren! Wer Angst vor dem Versagen überwinden kann, wird es lernen. Denken Sie mal in Ihre Kinderzeit zurück, was Sie bis heute alles schon abgeliefert haben. Als wir noch Babys waren, mussten wir das Laufen lernen; als es nicht gleich klappte und auf den Po plumpsten, haben wir da gleich aufgegeben? Natürlich nicht. Wir haben uns wieder hochgerappelt und probierten es immer wieder und machten so lange weiter und immer weiter – bis es plötzlich funktionierte und wir laufen konnten. Und das funktioniert auch bei uns Erwachsenen! Weiterlaufen, bis das Ziel in Sicht kommt.

Sprüche

>>Nicht aufgeben!

Es gibt Rückschläge, aber es gibt keine endgültige Niederlage.<<
Evander Holyfield,
Boxweltmeister.

Kämpfe ...
Kämpfe um das, was dir im Leben wichtig ist!

Alles ist möglich..
Alles ist möglich, wenn du selbst davon überzeugt bist!

Wo ein Wille, auch ein Weg!
Alles ist möglich, wenn du es wirklich willst!

- Rücksicht, - Höflichkeit, - Hilfsbereitschaft -

Werte...

Können Sie sich noch an solche Werte wie Hilfsbereitschaft, Ehrlichkeit, Rücksichtsnahme oder den Begriff Höflichkeit erinnern? Es hat in der Vergangenheit einmal Zeiten gegeben, da waren diese Tugenden an der Tagesordnung! In der heutigen Zeit versuchen uns Medien zu suggerieren, dass dies alles aus der Mode gekommen sei und nur noch Statussymbole stattdessen zählen. Ruhm, Erfolg und Macht das ist das, was noch zählt; aber sind das wirklich und allen Ernstes die Werte, die uns langfristig glücklich machen können? Aber genau deshalb sind auch so viele Menschen verunsichert und suchen nach einer verlässlichen Orientierung, nur – woran kann sich ein Mensch noch halten, wo so vieles schon ins Wanken geraten ist? Es findet in vielerlei Hinsicht ein Umbruch statt, und jeder sollte seinen eigenen Teil dazu beitragen. Vielleicht können Sie auch aus meinen Texten etwas herauslesen, das Sie eventuell zu neuem Denken und Handeln neu ausrichtet. Besonders könnte ich mich darüber freuen, wenn sich Menschen wieder mehr Gedanken machen, dass die Grundlagen für ein bewussteres, gesellschaftliches Leben Glück, Frieden, und Liebe untereinander bedeuten! Rücksichtnahme, Ehrlichkeit, Höflichkeit und Hilfsbereitschaft bekommen meiner Meinung nach in der Zukunft wieder einen hohen Stellenwert!

Rücksichtnahme, Ehrlichkeit, Höflichkeit und Hilfsbereitschaft

Vielleicht erinnern sich noch einige an die schönen, alten Zeiten zurück, wo diese Worte wie: Rücksichtnahme, Ehrlichkeit, Höflichkeit und Hilfsbereitschaft hoch im Kurs standen? Menschen mit Anstand sich begegneten, und sie sehr viel Respekt vor diesen vier Tugenden empfanden! Was ist alles nur geschehen, in den letzten Jahren, keiner weist mehr hin, auf die gleichgültigen Gefahren. Spielen die Grundlagen denn keine Rolle mehr, die das Miteinander überhaupt erst lebenswert und möglich machen? Ist die Welt denn so dunkel geworden, dass wir das Leuchten der Sterne, des Mondes und der Sonne nicht mehr sehen; sind unsere Augen blind für all das geworden, oder warum nimmt alles nur noch mehr zu?, >das Stehlen, Lügen, Verleumden, Hass, Neid, usw. ja sogar das Morden. Wer bitte, soll das alles noch verstehen? Vielleicht liegt es auch an der hektischen Medienzeit; Fragen über Fragen überhäufen uns, doch keiner mehr findet so richtig eine Antwort darauf. Auf der ständigen Jagd nach Lob, Anerkennung, Statussymbolen, Macht und Ruhm beginnt erst ein Spießroutenlauf, dann der Dauerlauf und zum Schluss der endlose Erfolgs-Marathonlauf! Ich denke, eine neue Orientierung und ein Umbruch wären somit angesagt, es geht auch anders, das zu einem bewussteren und erfüllterem Leben Führen; Die Grundlagen hierfür wären, nicht mehr in der Vergangenheit, aber auch nicht mehr in der Zukunft herumzurühren! Noch ein Tipp, die Gegenwart und das >Jetzt<, das ist der Moment, und nur der ist in deinem Leben wirklich wichtig, alles andere, so glaube ich es zumindest, ->wäre/ist< nicht richtig! Richtet euch lieber nach neuen Denkanstößen aus, das bringt die guten, alten Werte zu uns zurück; alte Werte, neues Handeln ergibt großes Glück. Also, lasst uns an diesem Punkt es gemeinsam überdenken: Ein bewusstes Zusammenleben ist wieder möglich, wenn wir diesen Werten wieder mehr Aufmerksamkeit schenken, offen und ehrlich damit umgehen und niemals spöttisch wenn wir mit diesen Worten vor menschlicher Gestalt gegenüberstehen; in diesem Moment nämlich lernen wir die vier Grundregeln wie: Rücksichtnahme, Ehrlichkeit, Höflichkeit und Hilfsbereitschaft auch besser zu verstehen! Diese vier Worte werden uns jetzt immer mehr begleiten/begegnen, und überall, wo wir es mit Mensch und Tier zu tun haben, höflich, ehrlich, hilfsbereit und rücksichtsvoll auflauern; Die Menschen allerdings, die sie missachten, sind meiner Meinung nach sehr zu bedauern!

Wahrheit schmerzt

Die Wahrheit zieht einen Menschen
unter Umständen nackt aus,
kleidet ihn aber danach;
viel prachtvoller,
und schöner als je zuvor!!

Selbst

Wer den Weg nicht zu sich selbst findet,
wird immer wieder nur wegsehen und
umherirren; aber wer das Elend aufnimmt;
der trägt Liebe im Herzen, und wird dafür
reichlich belohnt werden!

Perfektion...

Spruch:

Nicht die Perfektion macht aus uns >>gute, liebenswerte, und begehrenswerte Menschen,<< sondern diejenigen; die im Laufe ihres Lebens Fehler begehen dürfen, ohne ständig ermahnt zu werden; man sollte ihnen für ihr Tun, -und Handeln mehr Achtung, Anerkennung, Respekt, Lob;- aber vor allem mehr Vertrauen entgegen bringen..

Sie verschenken nichts, sondern opfern sich für eine Sache aus Überzeugung buchstäblich auf!
Nach dem Motto: Wer hart arbeitet, spürt das Leben!
Und wer nichts tut, lebt unter Umständen trotzdem intensiv und gut!
Das Leben weiß es besser.

15 Grundannahmen, die wir beachten sollten ...

1. Jeder Mensch hat eine bewusste und unbewusste Verhaltensebene.
2. Veränderungen setzen voraus, dass das Ziel klar definiert ist.
3. Misserfolge gibt es nicht, es gibt nur Resultate.
4. Alles, was passiert, hat einen bestimmten Sinn und bringt Nutzen.
5. Deine Umwelt ist ein Spiegel deiner Selbst.
6. Menschen sind die größten Kraftquellen.
7. Kein Erfolg ohne Hingabe.
8. Die Vergangenheit ist nicht die Zukunft.
9. Wir müssen nicht immer alles erst verstehen, um es anwenden zu können.
10. Jeder Mensch nimmt seine Umwelt unterschiedlich wahr.
11. Wir alle tragen die meisten Fertigkeiten, die wir zum Leben brauchen, in uns.
12. Alles um uns herum ist in Bewegung.
13. Unser Gehirn lernt sehr schnell.
14. Übernimm die Verantwortung für dein Leben, egal, was geschieht.
15. Jeder Gedanke hat die Tendenz, sich zu verwirklichen.

Ungeordnet

Spruch:

Im Leben verschiebt sich alles »mehrmals«, man muss nur das richtige Auge, für die unzähligen richtigen Dinge haben!
Und falls Sie es noch nicht wussten … >Ungeordnet< kann durchaus >Geordnet< sein.
Wenn Sie >verstehen<, was ich meine?

Erwartungshaltung ...

Das Wort Hoffnung kann eine positive Erwartungshaltung sein, dass z.B. etwas Wünschenswertes in der Zukunft eintritt, ohne jedoch dass wirkliche Gewissheit dafür besteht.
Wir leben in der Hoffnung, dass unser Leben immer gut verläuft, am liebsten ohne jegliche Sorge dafür tragen zu müssen.

Am liebsten wollten wir immer nur das allerschönste
und das allerbeste! (Und das ist ja auch gut so!)

- Anhaltende Gesundheit.
- Finanzielle Absicherung.
- Eine gesunde Beziehung.
- Krisensicherer Arbeitsplatz.
- Fröhlichkeit.
- Liebevolle Partner/innen.
- Verständnisvolle Menschen um uns herum.
- usw.

Die Hoffnung, wird deshalb oft von der Angst begleitet, dass eventuell das Erwünschte oder Ersehnte nicht eintritt. Das Gegenteil wären dann die Resignation, Hoffnungslosigkeit, Verzweiflung oder die Depression.
Wer jedoch, und das haben wissenschaftliche Untersuchungen ergeben, dass Menschen die Glauben und Hoffnung haben,
schneller wieder gesund werden. Sie genesen schneller z.B. bei einer Verbrennung, einem Knochenbruch oder bei einem Herzinfarkt. (Dabei ist unter dem Glauben nicht (nur) der religiöse Glaube zu verstehen.)

Hoffnung

Hoffnung sollte eigentlich das Zauberwort und die Antriebsfeder für all unser Tun und Handeln sein.

Streben

Wer nach der Hoffnung strebt, wird ständig aufs Neue belebt.

Hoffnung lässt uns hoffen...

Die Hoffnung beschreibe ich mit meinen Worten
(bildlich gesprochen) wie ein heller Stern,
mal ist sie nah, und manchmal bleibt sie fern!

Die Hoffnung lässt uns hoffen, auf
eine bessere und schönere Zeit,
denn sie ist ja so gescheit,
dass man sie nicht nur aus der Ferne sah,
nein >manchmal ist sie uns doch ganz nah!<

Die Hoffnung lässt uns hoffen,
auf die ganz große Liebe,
nicht nur wegen unserer
menschlichen Triebe, >>Nein<<
sondern wir spüren auch
die seelischen Hiebe.
Manchmal ist sie uns ganz nah
und manchmal so weit weg,
dass man sie nur noch aus
der Ferne sah!

Mit der Hoffnung bewegt sich unser Leben
einmal auf und ein anderes mal wieder ab,
die Hoffnung hält uns mit ihren ständig
neuen Ideen ganz schön auf Trab.

Wer die Hoffnung in sich trägt, erfindet sich
selbst auch immer wieder neu,
hat vor dem Leben keine Scheu,

und bleibt bis zum Schluss, seinem Glauben,
seinen Gefühlen, seinen Sehnsüchten,
seiner Hoffnung immer TREU!

Hoffnung

Die Hoffnung bleibt unsere letzte Hoffnung.

Der Weg

Wer den Weg nicht mit dem Herzen
findet, der wird nichts Gutes tun!

Das Weihnachtsfest ist etwas ganz Besonderes …

Für viele Menschen ist Weihnachten eines der schönsten Feste des Jahres. Für den einen ist es selig, für den anderen traurig; je nachdem, wie das Jahr verlaufen ist. Bunte Farben, die Christbäume sind liebevoll geschmückt. Eine Tradition die über Generationen um den Heiligen Abend und über die Feiertage aufrechterhalten wird.

Eine besondere Gelegenheit dafür:

- Um Häuser in Lichterglanz zu versetzen!
- Besonderes Essen für seine Liebsten zu kochen!
- Es wird gebastelt!
- Päckchen liebevoll verpackt!
- Plätzchen gebacken!
- Weihnachtskarten geschrieben und in alle Welt versendet!

>In dieser Zeit überlegt man intensiv, wie kann ich selbst meinen Mitmenschen eine Freude machen, und ist in Gedanken somit ganz nah bei Ihnen. Aber bedenke; in diesem außergewöhnlichen Moment bist du mit ihnen über einen unsichtbaren Draht direkt verbunden!
Sie spüren deshalb auch ganz genau, ob du gerne, oder nur aus reiner Verpflichtung deine Geschenke weitergibst!

Tannenbäume, überall Lichter - Schneebedeckte Landschaften überziehen unsere Erde wie ein Sahnetörtchen.

- Küsse werden unter Mistelzweigen in Türrahmen verteilt!
- Das Christkind legt Geschenke unter den Weihnachtsbaum!
- Der Weihnachtsmann rutscht seine Gaben durch den Kamin!

Auch das Essen spielt um die Weihnachtszeit eine große Rolle, somit sind auch die traditionellen Speisen unterschiedlich!

- Der eine isst Saitenwürstle mit Kartoffelsalat!
- Der eine isst Gans mit Blaukraut!
- Der eine isst Karpfen!
- Der eine isst Truthahn!
- Der eine isst gar nichts!

So unterschiedlich wir auch alle sind, so unterschiedlich sind auch unsere Essgewohnheiten, mögen sich die Bräuche und Gewohnheiten auch noch so unterscheiden, eines ist jedenfalls überall gleich:

Weihnachten ist das Fest des Zusammenkommens, der Liebe, und der Gemeinsamkeit!!

>>Weihnachten; - das Fest der Liebe!<<

Frieden

Weihnachten, das Fest der Freude,
der Nächstenliebe, das Fest der
Großzügigkeit, Barmherzigkeit
der Gaben und den vielen Geschenken,
die Gedanken voller Ruhe und mit
viel Liebe; wir zu anderen Menschen hin lenken!

Die Familien, Freunde und Verwandten treffen
sich, um miteinander zu essen, trinken aber
auch, um alte Geschichten zu erzählen,
und braucht sich ausnahmsweise auch
nicht >mehr< bzw. mit der Zeit zu quälen.
Es lassen sich schöne Melodien
von der CD anklingen,
um gemeinsam ein paar schöne
Weihnachtslieder zu singen.

Die Kinder können es kaum
noch erwarten, bis das Christkind
kommt, um die Geschenke zu bringen;
sie mit ihren kleinen Armen und Händen,
die langersehnten Päckchen umschlingen ...

Mama und Papa stehen derweil noch in der Küche
richten das Essen und braten die Weihnachtsgans,
da freuen sich nicht nur der Peter, der Horst,
die Gretel, die Pia, nein, auch ganz doll der Hans.
Deshalb seid gescheit;
verbringt unbedingt miteinander mehr Zeit,
und nicht nur im Winter, wenn es schneit;
es ist das ganze Jahr Weihnachten,
seid nur dazu bereit!

Man darf nicht nur einmal im Jahr die
schönste Zeit des Jahres betrachten;
vor allem aber sollte man täglich
alle Menschen gleich achten!!
Ich wünsche allen Menschen
weihnachtlichen Segen,
Gott möge sie schützen,
auf all ihren Wegen!

Weihnachten ist laut einer Umfrage
das schönste Fest im Jahr
kein Mensch will Krieg,
alle wollen den Frieden
wie wahr, ohhh, wie wahr.
Nehmt uns den Frieden nicht weg,
sonst erfüllt auch Weihnachten
nicht mehr seinen Zweck.

Wir brauchen die Liebe untereinander,
die großen Herzen Füreinander,
die fühlenden Zueinander, aber das
wichtigste; den Frieden brauchen wir
Menschen das ganze Jahr hier auf Erden,
dann würden alle Menschen auf der ganzen
Welt noch ein Stück weit glücklicher werden!

Selbstzweifel

Hör auf mit deinen Selbstzweifeln; glaube fest an das, was du werden willst.

Lass solche Denkansätze los wie z.B.:

- Denke bitte immer daran, wo du herkommst.
- Freu dich bloß nicht zu früh.
- Das dicke Ende kommt bestimmt.

Solche oder ähnliche Sätze/Denkmuster hören wir schon von klein auf, nehmen sie ganz automatisch und wie selbstverständlich ins Erwachsenenalter mit, unser Denken und Handeln können somit ganz bewusst negativ beeinträchtigt werden.

Ohne dass wir es merken, wird unser Selbstvertrauen untergraben. >>Selbstzweifel machen sich breit und gehören ab sofort mit zur Tagesordnung!<<

Wenn jemand z.B. sagt: >>Ich kann nicht.<<
So heißt das meiner Meinung nach im Klartext: >>Ich will nicht.<<
Grenzen setzen wir uns selbst, niemand anderer; somit werden die eigentlichen Möglichkeiten dramatisch unterschätzt.
Stattdessen hagelt es Ausreden wie:

- Das ist unmöglich.
- Das geht nicht.
- Das schaffe ich nie.
- Dafür bin ich nicht kompetent genug.
- Der kann es ohnehin besser als ich.
- Dafür hab ich nicht die nötige Schulbildung.
- usw. usw. usw.

Ausreden, Ausreden, Ausreden....

>>Nichts ist unmöglich!<< -Diese frohe Botschaft gewinnt an Boden, seit ein japanischer Autokonzern auf tierische Weise dafür wirbt. In der Natur, unserem wichtigen Lehrmeister, gibt es wunderbare Beispiele, dass nichts unmöglich ist: wie etwa die Hummel.
Dieser plumpe Brummer hat nur eine Tragfläche von 1,45 Quadratzentimetern, wiegt aber rund 4,8 Gramm. Flächenwinkel: 6 Grad.
Nach dem bekannten Gesetzen der Flugtechnik und Aerodynamik ist es unmöglich, bei diesem physikalischen Verhältnis zu fliegen.
Die Hummel weiß das aber nicht. Sie fliegt einfach.

Ihr wisst jetzt, dass nichts unmöglich ist, also macht euch nicht mehr so klein; lasst das große in euch raus!!
Fangt an zu handeln... --- und ->>fliegt<<-

Du brauchst ein klares, inneres Bild von dir!

Um Erfolg zu haben, brauchst du nicht unbedingt ein Studium;
aber ein klares, inneres Bild davon;
was du einmal sein oder werden willst, einen eisernen Willen und Glauben an dich selbst, um es auch erreichen zu können!

Klares Bild.

Es gibt eine Möglichkeit, wie du realistisch zu deinem Ziel kommst! Stell dir dein Ziel, was du erreichen willst, in allen Einzelheiten vor, so setzt du unbewusst die Begeisterung in deinem tiefsten Inneren in Gang. Male dir in allen mit den prächtigsten Farben deine Bilder aus; rieche, schmecke, und sieh deine Bilder schon so an, als wären sie bereits Wirklichkeit geworden!

>>Lass immer und wieder deine geistigen Bilder vor deinem inneren Auge ganz konzentriert ablaufen, bis sie langsam Wirklichkeit werden. Alles was du dir vorstellen kannst, kannst du auch im wahren Leben werden! Konzentriere und lenke deine volle Beachtung auf deine bisher erreichten Erfolge, das wiederum verstärkt deine Motivation, und zieht noch Schöneres und Besseres in dein Leben. Nur du selbst kannst alles Bisherige loslassen; und nur du selbst kannst Neues in deine eigene Welt hereinlassen.

Nach dem Motto: Beachtung schafft Verstärkung

Lebe dein Leben;

Spruch:

>>Gib immer dein Bestes, mehr geht nicht!<<

Lügen lohnt sich nicht denn,

Lügen, haben kurze Beine!!

So sagte es schon vor Tausenden von Jahren
unser Volksmund, und so ist es heute noch!<<

Zitat

Lügt bitte niemals einen Menschen an, sonst verliert ihr euren Glauben an euch selbst. Habt ihr den erst einmal verloren, wird es

schwer ihn wiederzufinden.
Denn der Spiegel, in den ihr schaut, sagt euch genau das, was ihr selber seid und denkt!
Und genau das; ob ihr es wollt oder nicht, werdet ihr anziehen und widerspiegeln ...

Zitat

Wenn ihr an einen einzelnen Menschen glaubt, werden Massen, an euch glauben! Und wenn ihr einen einzelnen Menschen von ganzem Herzen liebt, >liebt euch die ganze Welt!<

Eines dürft ihr aber niemals machen; einen einzelnen Menschen verachten!
>>Denn dafür gibt es keine Worte mehr.<<

Liebe

Liebe ist wunderbar,
macht leider
aber >auch< »verwundbar«.

Höre auf deine innere Stimme:

Deine innere Stimme und dein eigener Verstand bringen dich oft auf eine
lange Reise, aber sie machen aus jeder Situation immer das Beste!!

Erlebnis:
Wenn wir wissen, wohin wir wollen, kommen wir auch immer genau dort an!

Stärke und Mut:

Stärke und Mut zum Risiko gehören immer dazu!

Wenn du was erreichen willst, geht es immer erst um die innere Einstellung.
Mach dir deshalb auch keine Vorwürfe, wenn das, was du dir gewünscht oder geplant hast noch nicht in Erfüllung gegangen ist. (Das hat sicherlich seinen Grund).
Es ist eine Frage der Zeit, Ausdauer und deiner Geduld, bis es sich für dich sichtbar einstellt!

Der größte Fehler, den du in diesem Moment machen könntest, wäre zu jammern, klagen oder noch schlimmer; wenn du dich in eine Ecke verkriechst.

Fang also bloß nicht an, an dir zu zweifeln; denn solche Gedanken wie z.B. ich hab kein Talent oder daraus wird wahrscheinlich sowieso nichts, sind Gedanken der Selbstablehnung!

Handle, sei tätig und mach aus jeder Situation das Beste!!

Denn Selbstbejahung stärkt -und bringen dich im Leben entscheidend weiter.
Außerdem lernst du dich selbst mehr zu schätzen – und das wiederum gibt dir das Gefühl einer inneren Zufriedenheit.

Die Fähigkeit

Die Fähigkeiten und die Grundvoraussetzungen eines jeden Erfolgs sind Menschlichkeit. Sich klar und verständlich auszudrücken, aber auch auf andere und ihre Bedürfnisse einzugehen.

Die Neun wichtigsten Regeln:

- Sicher und gewinnend aufzutreten.
- Frei und unbefangen im kleinen oder größeren Kreis zu sprechen.
- Mögliches Lampenfieber zu überwinden.
- Die eigenen Anliegen packend zu formulieren.
- Ideen und Vorschläge wirkungsvoll zu präsentieren.
- Auf andere und ihre Bedürfnisse eingehen.
- Die Aufmerksamkeit anderer zu fesseln.
- Zu motivieren, zu begeistern und zu kritisieren, ohne zu verletzen.
- Visionen zu vermitteln; Anerkennung und Sympathie zu gewinnen.

Deine Meinung ist wichtig:

Bilde immer deine eigene Meinung zu einer Sache!

Daraus entsteht und wächst ein Format und ein Glaubenssatz, der nicht nur dich selbst überzeugt; sondern er bringt auch Wahrheiten ans Licht, die viele Menschen schon lange wieder vergessen haben!

Ein Mensch mit Format lässt sich von niemanden beeinflussen oder verbiegen, er geht seinen eigenen Weg. >>Denn: Wenn du einen Menschen erst von einem Vorhaben überzeugen musst, wovon sie/er selbst nicht überzeugt ist, dann ist sie/er nicht die/der Richtige!<<

Der Verstärker eines Wunsches, was man erreichen will; ist die unendliche Sehnsucht es auch tatsächlich >TUN< zu wollen!!

Denke mal nach:

Nur wer in Grautönen denkt, streicht auch seine Welt und seine Umgebung grau an!
Das Leben ist hell wie der Tag, die Seele jedoch oft dunkel wie die Nacht!
Oft hören wir unsere innere Stimme nicht, weil sie einfach zu leise mit uns redet und wir ihr kein Gehör schenken, weil der Lärm von außen alles übertönt.
Haben wir endlich mal Zeit, beschäftigen wir uns mit vielem anderen, aber leider wieder nicht mit uns SELBST.
Dabei könnte ein einfaches Kompliment oder ein nettes Wort, Lob das wir uns selbst vor dem Spiegel geben – >Wunder bewirken lassen.<

Kommen Sie in Schwung, man kann alles erlernen. Hören Sie in sich hinein; werden Sie ruhig – werden Sie ganz still! Und dann handeln Sie danach, was Ihre innere Stimme zu Ihnen sagt, denn sie weiß immer und zu jedem Zeitpunkt, was das BESTE für Sie ist!!

Merke:

(Es sollten aber in jedem Falle nur die Schönsten und die Liebevollsten Dinge in die Tat umgesetzt werden, denn nur das Beste kommt von deinem Innern.)

Finden Sie heraus, nach was sich Ihre Seele sehnt und dann handeln Sie sofort; setzen Sie Ihre Theorie in die Praxis um.

Sollten Sie damit keinen Erfolg haben, helfen wir Ihnen/Dir gerne dabei!
Im 14 - tägigen Rhytmus veranstaltet >T.D.U.< Workshops, Diskussionsrunden und Seminare zur Motivation und anderen Themen.

Ordne deine Gefühle:

Wer keine aufrichtigen Gefühle gegenüber seinen Mitmenschen zeigt, versäumt das Leben!!

Wenn du einem Menschen in der Not helfen kannst, so tue es sofort. Suche nicht nach Ausreden, zu langes Warten könnte deinen Zustand nur noch dramatisch verschlechtern.

Wenn man Gefühlen Ausdruck verleihen will, sollte man offen und ehrlich zu sich selbst sein. Ich denke, auch ein wenig Selbstverliebtheit könnte zu diesem Rezept beitragen!
Sollten wir uns unwohl fühlen, so hat die Natur genug Möglichkeiten, für uns wieder Lebensfrohheit und Freude aus ihrem Hut hervor zu zaubern.

Seinen Gefühlen freien Lauf zu lassen, das ist die Basis jedes Erschaffens, ob jetzt als Individuum oder in einer Gruppe, spielt keine Rolle. Der Fortschritt wäre demnach fragwürdig, wenn man sich seiner Verantwortung nicht stellt und dadurch seine Ehrlichkeit verdrängt. Wenn was ehrlich gesagt oder getan werden muss, dann bitte keine Heuchelei, sie führt zu nichts; höchstens dass man sein Gesicht oder sein Selbstwertgefühl verliert. Gefühle sollten daher meines Erachtens nach gegenüber unseren Mitmenschen immer echt sein.

Denn das, was
wir füreinander
- >>Tun,<<
wird uns
>>Miteinander<<
gelingen!!

(Schau in den Spiegel,
was meinst >Du< -
>>Bist du echt?)<<

Verändern:

Wenn du etwas verändern willst, dann beginne erst immer bei dir selbst!

Wenn du schon mal mit einem Projekt mit 1,2,3 oder mehreren Personen oder einer fast unlösbaren Aufgabe für etwas beauftragt worden bist, um etwas zu gestalten, zu basteln, oder zu organisieren, dann weißt du aus eigener Erfahrung wovon ich rede und wie schön es sein kann, dadurch eine gewisse Veränderung in uns selbst und für andere herbeizuführen.

>>MEINE BITTE AN ALLE <<

Helft den Menschen mit Ängsten ...

Leider ist es immer noch die Angst davor zu versagen, die unser Leben in vielfacher Weise beeinträchtigt. Lassen Sie sich nicht durch Kritik von anderen aus der Ruhe bringen; denn Kritik kann zum Versagen führen und das wiederum bestätigt anderen, dass sie Sie beeinflussen können. Und dieses Bild setzt sich negativ als Angstspirale bezüglich Ihrer Leistung fort.
Deshalb wird auch oft ein Mangel an Motivation oder Hoffnungslosigkeit diagnostiziert >Jedoch ein Mensch, der Angst hat, zu versagen ist weder faul noch passiv.< Lediglich durchleidet er einen Schmerz von Hoffnungslosigkeit! Er sieht deshalb in seinem sogenannten Elend nichts mehr, was er aus eigener Kraft erreichen könnte!

Menschen, die gemeinsam was für andere tun, sind und bleiben Vorbild in jeder Hinsicht, denn sie verändern mit jeder Handlung und ihrer Tat einen Teil eines jeden Menschen und verändern somit die ganze Welt.

Alles neue macht der Mai ...
Mit diesem Spruch möchte ich eine Brücke des Bittens bauen; reicht

euch in Zukunft die Hand, für mehr Gemeinsamkeit und unterstützt euch, dass die Hoffnungslosigkeit und das Elend hier auf Erden ein Ende finden. Die Menschen, die über viel Kraft verfügen, sollten ein wenig an die Menschen abgeben, die es nötig brauchen. Ein Mensch braucht nicht viel Materielles, aber er braucht verdammt viel Aufmerksamkeit, aber noch mehr Liebe. >Wenn ihr von diesen wenig genannten Punkten etwas beachtet oder nur eine Sekunde lang nachdenkt, habt ihr schon einen wesentlichen Teil dazu beigetragen, dass die Welt wieder besser wird. >>Danke<< Solltet ihr aber auch noch ins Handeln kommen, habt ihr sie bereits gerettet!

Aufgaben:

Denke immer zuerst an das, was du auch wirklich haben willst; denn das wirst du auch erhalten!

Du hast hier auf Erden eine Aufgabe zu erfüllen und genau die gilt es zu erkunden!
Deine Vielfalt an Talenten solltest du jedenfalls immer so gewinnbringend für die Menschheit einsetzen, dass es für >>ALLE<< nur Gutes hervorbringt!!

Wenn du in deinem Leben einen Raum schaffst für all die Schönheit um dich herum, die du wahrscheinlich vor all deinem oft unnützen Tun und Handeln vielleicht gar nicht siehst oder überhaupt nicht mehr wahrnimmst. Dann kann es sein, dass du auf einmal wie von Geisterhand geführt wieder mit Kraft aufgetankt wirst, die du wiederum an andere Menschen weitergeben kannst.

Für deine Pläne und Ziele in der Zukunft solltest du dich unbedingt an tägliche Rituale halten, um die sogenannten Muster, die deine Träume beinhalten, zu erzeugen.

Denn deine Gedanken sind es, die dein Leben bestimmen werden.
(Das, was du denkst, das bist du auch!)

Niemand hat das Recht

In allen Menschen steckt eine unglaubliche und große Macht! Leider verwenden wir sie im Laufe unseres Lebens so gut wie nie und meinen, wir müssen uns immer auf uns selbst verlassen ...

Wir lassen uns einreden, dass wir nicht gut genug sind, aber genau die, die uns das suggerieren wollen, sind noch weitaus minderwertiger und ohne jegliches Selbstvertrauen – und darum suchen sie vermeintlich Schwächere, um ihre eigene noch viel größere Schwäche zu übertragen, um an ihr Ziel zu kommen ...
Was diese Menschen besser können? -- >>Sie können es nur besser verbergen und sind die größeren Schauspieler<<.--

Menschen manipulieren uns, und wollen ihre angebliche Überlegenheit ausprobieren und somit auf uns übertragen, aber meist ist das Gegenteil der Fall, und wir merken es nicht einmal. Es fängt schon in der frühen Kindheit an, und zieht sich wie ein roter Faden durch unser ganzes Leben!!
Unsere gesamte menschliche Persönlichkeit wandelt sich wie das Klima ständig und unaufhörlich, wir entwickeln dadurch unbewusst Abwehrmechanismen.

Doch Sie, liebe Leser/innen, sollten das auf gar keinen Fall zulassen, denn Sie können jederzeit Einfluss darauf nehmen, und eine Wandlung ständig und immer, ja zu jeder Zeit willkürlich mitbestimmen und und/oder sich dagegen wehren!!

Legen Sie Ihre Minderwertigkeitskomplexe ab wie ein altes abgetragenes Kleidungsstück und streifen sich ein neues über, denn diese unglaubliche Macht von der am Anfang die Rede ist, ziehen Sie dann in Ihr Leben.

Niemand hat das Recht, Sie minderwertig oder gar abwertig zu behandeln, das können nur Sie allein bestimmen ...

>>Sie kennen diesen Spruch bereits.<<

Wer zu viel nach anderen schaut, verliert den Blickwinkel zu sich selbst!!

Ziele:

Wenn du ein Ziel hast, dann träume nicht nur davon, sondern setzte dein Vorhaben auch in die Tat um!
Immer und immer wieder sind es unsere unstimmigen Gedanken, mit denen wir täglich herumlaufen, und die wir als schwere Last und überflüssigen Ballast im Gepäck empfinden.

Ballast der sich zwangsläufig ansammelt, wenn wir uns nicht entscheiden können, was wir letztlich mit uns und unserem Leben anfangen sollen. Wir tragen täglich dieses Gepäck wie einen Rucksack mit uns herum, und wollen oder können uns von nichts trennen.

Somit können wir oft nicht mehr entscheiden, was uns wirklich wichtig ist, vielleicht betrachten wir auch Werte, die uns schon lange nicht mehr wichtig sind, nur um anderen zu gefallen, die aber nicht mehr unserem eigentlichen Selbstbild entsprechen!
Um diesen Ballast abzuwerfen, sollten wir jede Gelegenheit nützen, um uns von negativem Müll zu trennen.

Alles, was wir nicht mehr brauchen, aussortieren und rauswerfen, denn alles, was wir festhalten, wird zu einer Endlosschleife und hält uns fest! >Der Gedanke kommt immer und immer wieder.< Und ist er auch noch so unnötig!

Wir trauen uns nichts Neues zu, weil uns der alte Gedanke an schlechte Erfahrungen erinnert.
Und hält uns leider aus Angst zu versagen davon ab:
>Es trotzdem noch einmal zu versuchen.<<

Also wenn du ein Ziel vor Augen hast, dann gehe es an, was dabei rauskommt, wirst du dann Schritt für Schritt erleben.

Eine Erfolgsformel für Motivation gibt es leider nicht,

Motivation finden Sie nur in sich selbst und Ihrer Einstellung, nur wenn

Sie selbst die volle Verantwortung für Ihr Leben übernehmen, werden Sie sich auch wirksam motivieren können.
Deine innere Stimme und dein eigener Verstand bringen Sie oft auf eine lange Reise, aber Sie machen aus jeder Situation immer das Beste!!

Aber, aber, aber ...

Wenn wir wirklich wissen, wohin wir wollen, kommen wir auch immer genau dort an!
Denn die wahren Verlierer im Leben sind nicht die, die etwas versucht haben zu bewegen, sondern diejenigen, die es aus Angst zu versagen, unversucht lassen ...

Keine Verzweiflung ist,

EGAL: -was die anderen sagen;

die Hauptsache ist:
»du gehst deinen eigenen Weg; somit gibst du den anderen nicht mehr die Möglichkeit, dass sie über dein Leben entscheiden und urteilen können, wie sie wollen, denn sie haben >kein Recht< dazu.«

>>Dieses Recht hast nur du allein.<<

wenn du dieses >Recht< erst einmal für dich entdeckt und für dich in Anspruch genommen hast; kann dir dein Glück niemand mehr streitig machen!!

Verzweiflung ist jedoch:

Wenn ihr die Tiere vergesst!

Deshalb starte ich einen sehnsüchtigen Aufruf an alle Menschen auf dieser Welt.
>>Schützt bitte alle Tiere,<<
denn sonst gibt es >>UNS<< auch nicht mehr lange!

Sag, was du zu sagen hast!

Ich wünsche mir, dass du das Gute, was du in diese Welt mit einbringen kannst, nicht nur für dich behältst, sondern deine Mitmenschen daran teilhaben lässt.

Ob du es nun für möglich oder nicht für möglich hälst, Menschen brauchen deine Hilfe, deine Ideen und deine Inspirationen, sie sind für den Frieden und den Fortschritt wichtig.
Selbst wenn du nur einen einzigen Menschen damit erreichst, dass es auf unserem Planeten wieder mehr Glück, Zufriedenheit und Freude gibt, dann hast du zu einem großen Schritt für die Zukunft und zu einer besseren Lebensqualität beigetragen!

Sag, was du zu sagen hast, du hast ein Recht dazu; nütze also im Jahr 2015 deine Vorteile und gib, was du zu geben und zu sagen hast. Lieber etwas klar und deutlich gesagt, dafür aber kein Magengeschwür, ist viel besser für deine Gesundheit.
Vom Schweigen hat niemand etwas. Wenn du etwas zu sagen hast, dann sprich es aus, du weißt im ersten Moment noch nicht, wie weit es dich in deinem Leben noch bringen wird.

Du bist hier auf unserer schönen Erde dein eigener Chef und Denker.
Du erschaffst dir mit deinen Gedanken und ausgesprochenen Worten genau das, was du dir wünscht oder wonach du dich so sehr sehnst!
Schaffst du es nicht alleine, werden Menschen in dein Leben treten, die dir dabei behilflich sein werden, um deine Wünsche und Träume in die Realität mit umzusetzen..

Sprich aus, was du zu sagen hast oder was du dir wünschst, und Hilfe wird zu dir eilen.

Spruch

Kämpfe um das, was du wirklich erreichen willst, es lohnt sich!!

Spruch

>Lebe deine Träume<<

Wenn du aufgehört hast an dich zu glauben, werden deine Träume niemals Wirklichkeit werden!!

Das Leben ist ein Wunder!!

Und ich bin dankbar für dieses Wunder

Fähigkeit ist ...

Wenn ihr nur an eure eigenen Fähigkeiten glaubt, und auch danach lebt /strebt!! Dann werdet ihr alles erreichen, wonach ihr euch so sehr sehnt!

Im Moment

Du kannst es dir vielleicht im Moment noch nicht so richtig vorstellen, was geschieht, wenn du das Spiel des Lebens mitspielst, Vertrauen darin legst und dazu noch eine Portion Selbstachtung mit dazugibst, das beschleunigt dein Tun und Handeln um ein Vielfaches!

Lass dich in deinen Vorhaben von nichts und niemandem einschüchtern oder ablenken, sie sind oft nur selbst nicht in der Lage, wegen gewissen Selbstzweifeln oder Ängsten etwas zu wagen, geschweige etwas neues zu beginnen.

Aufgepasst; auf der anderen Seite, wollen sie aber auch nicht, dass aus dir etwas wird und deine Träume wahr werden könnten. Und um das eventuell zu verhindern, konzentrieren sie sich ganz gezielt und bewusst darauf, dir dein Vorhaben so schnell wie möglich wieder auszureden..
Hau rein und gib Gas, glaube nur an dich selbst, denn nur so ist es möglich, ganz oben zu stehen, vertraue deshalb auch nur dir selbst.
Höre in dich hinein, höre auf dein Bauchgefühl und vertraue dabei noch deiner inneren Stimme, denn sie wird dich genau dort oben ankommen lassen!

In geordneten Verhältnissen

Liebe ist in dir, in geordneten Verhältnissen,
ist es nicht so, wirst du sie irgendwann und irgendwo vermissen.
Liebe ist in dir und gibt dir den Glaube für mehr,
jeder Mensch wünschst sich das so sehr!
Dein Körper und deine Seele wären für die Zukunft dadurch leer ...
In dir ist und lebt die potenzielle Kraft,
sie verleiht dir Lebenssaft und unendliche Macht.
Liebe ist das, was uns Menschen ausmacht.
Es gibt trotzdem immer noch Menschen,
der, die, das über so eine Aussage lacht.
trotzdem, ist alles ist für den Menschen optimal gemacht ...
Doch wir sind alle, und das kann niemand auf dieser ganzen Welt bestreiten, miteinander verbunden,
egal wie viele Sekunden, Minuten oder Stunden,
kommen wir immer, und immer wieder gemeinsam,
ohne, dass wir es merken, über die Runden,
lasst uns das Leben neu erkunden,
denn eins sei dir gewiss, betrachte das Leben,
nicht mit viel Biss
hab dabei nicht Schiss,
wenn's Probleme gibt,
nicht in die Hose dir piss ...

Denn eins merke dir jetzt und auf der Stelle,
sei deshalb ganz Ohr, gescheit und helle,
für jeden für uns ist das Leben bis auf das feinste
erdacht und ausgemacht,
deshalb bitte ich euch, meine lieben Leser/innen
wenn es auch einmal so richtig kracht,
euch keine Sorgen macht,
morgen für euch die Sonne wieder lacht ...
Fällt einmal die Schranke,
sag einfach Danke ...
Es geht immer weiter,
sei dankbar, sei heiter, wie gesagt, es geht immer weiter.
Danke, danke, Dankbarkeit ist das Zauberwort,
--- für deine Zukunft.----

Geh deinen Weg

Geh Deinen eigenen Weg,
den, den du spürst im Herzen,
der erweist dir für gewöhnlich innerliche Schmerzen.
Aber genau er wird dich niemals in eine falsche Richtung führen,
du wirst es in dir genau spüren.
Dein Bauchgefühl wird dir sagen, ob du richtig liegst,
ob du gewinnst oder ob du siegst.
Beides ist in dem Moment völlig egal,
denn du hast selbst immer die richtige oder falsche Wahl.
Gib deshalb niemals für deine Entscheidungen
einem anderen die Schuld,
vielleicht brauchst du für die nächste,
noch etwas mehr Geduld.
Bei allem, und das ist sicher,
begleitet dich immer heimlich das Gekicher.
Und genau das bringt den Starken immer weiter,
bleibt dabei ruhig, gelassen und heiter.
Der, der nicht probiert, -- verliert!!

Aus Fehlern ernten wir Lernerfahrungen

Jeder Erfolg ist das Ergebnis von guten Entscheidungen. Gute Entscheidungen sind wiederum das Ergebnis von Erfahrungen. Und Erfahrungen sind oft das Ergebnis von Fehlern. Oder sollten wir besser sagen: Problemen, Rückschlägen oder Misserfolgen. Egal, wie Sie es nennen, jeder so genannte Fehler oder Rückschlag ist nur ein weiterer Versuch, eine Lernerfahrung, einen Weg zum Ziel zu finden. Wenn der nicht optimal ist, muss ich eben sofort einen neuen Weg suchen, der mich zum Ziel führt.

Thomas A. Edison, einer der bedeutendsten Erfinder, brauchte über 10.000 Versuche, um die Glühbirne zu erfinden. Als ihn nach fast 10.000 Fehlversuchen ein Freund auf seine Misserfolge ansprach, sagte er: »Ich bin nicht entmutigt, weil jeder als falsch verworfene Versuch ein weiterer Schritt vorwärts ist.«
Spüren Sie, aus welchem Holz bedeutende Menschen geschnitzt sind? Fehler, Rückschläge und Probleme, die sich auftun, sind lediglich willkommene Erfahrungen, um daraus zu lernen, um neue Strategien zu entwickeln – hin zum Erfolg.

Tritte und Hiebe

Du suchst verzweifelt nach Liebe,
kriegst dafür ständig Tritte und Hiebe.
Dann, mein Freund, ob du es glaubst oder nicht,
bist du auf dem richtigen Weg, mein Lieber,
dein Herz, deine Seele, dein Geist treibt in deinem Körper
die richtige Temperatur, – auf Erfolgsfieber.
In der Bibel steht geschrieben,
liebe deinen Nächsten wie dich selbst,
auch wenn du dir in deinem Spiegel darin nicht mehr gefällst.
Du bist einmalig auf dieser Welt,
mit oder ohne Geld.
Menschen brauchen genau dich, so wie du bist,
ohne jegliche List.

Aus deinem Herzen fühlen sie, wie du ehrlich denkst,
verbinde dich mit ihnen, in diesem Moment,
mit allen Menschen, mit deinen Gedanken und Gefühlen,
du dein Leben ganz alleine lenkst!
Sie wissen es dann ganz genau,
Vertraue dir und der höheren Macht,
dein Herz vor Freude laut lacht,
du hast es gut gemacht..
Du bist optimal und gut,
macht was Neues, bringt auf den Mut!!!

Erkenne dein inneres Genie

In deinem Inneren schlummert ein Genie, ein weises und wissendes Selbst, das Lernen, Lehren und intellektuelle Anregung genießt. Konzentriere dich heute darauf, für dieses Wesen in deinem Inneren zu sorgen..
Nimm dir vor, etwas Neues zu lernen, beispielsweise einen Spruch, eine Fertigkeit, ein Lied oder eine Technik. Gratuliere dir selbst zu dieser Erfahrung, fühle deine Freude, die dein inneres Genie ausstrahlt, und wisse, dass du diese große Klugheit verkörperst!!

Sieh es mit anderen Augen ...

Liegst du mal so richtig im Dreck,
siehst du plötzlich das Leben mit anderen Augen,
es hat plötzlich wieder alles einen Zweck.
Musst du mal so richtig leiden,
kommst du nicht mehr dazu, andere zu beneiden..
Lebe, lebe dein Leben, lebe deinen Traum,
trinke in vollen Zügen den Champagnerschaum,
aber konzentriere dich auf deinen eigenen Lebensraum...
Du bist einmalig auf dieser Welt,
liebenswert für jeden, mit, oder ohne Geld!!
Deshalb lebe dein Leben in vollen Zügen,

du brauchst dich niemals mehr selbst deshalb zu belügen...
Du hast das Recht auf ein vollkommenes Leben,
vertraue und du wirst auf dem richtigen Weg schweben...

Die innere Stimme

Deine innere Stimme und dein eigener
Verstand bringen dich oft, auf eine
lange Reise, aber sie machen aus einer
jeder Situation immer das Beste daraus!!

Wir sind wie ein Samenkorn

Der Vergleich sei mir gestattet, wir sind alle ähnlich wie ein Samenkorn, das in die Erde fällt und sich dann langsam zu einer prachtvollen Blume entfaltet.
Wir tragen alle Fähigkeiten in uns, um zu gedeihen, so wie das Samenkorn einen fruchtbaren Boden braucht, um sich zu entwickeln, benötigen wir für von uns ein ebenso klares und positives Selbstbild.
Wir sollten damit aufhören uns selbst zu kritisieren, denn damit werten wir unsere eigene Persönlichkeit oft bis auf den Nullpunkt ab und geben somit anderen Menschen die Möglichkeit, mit uns Federball zu spielen, nämlich von einer Richtung in die andere geschleudert zu werden. (Darauf können Sie verzichten)

Alles, was zu tun ist, wissen Sie bereits. Einer Blume würden Sie täglich klares Wasser geben, Sie kauften den besten Dünger, Sie harken die Erde so, dass Luft eindringen könnte, Sie wählen den sonnigsten Platz, Sie achten darauf, dass es der Pflanze gut geht und es ihr an nichts fehlt.
Sie delbst sollten auch immer darauf bedacht sein, dass es uns an nichts fehlt, um gut gedeihen zu können!

Sei von dir überzeugt....

Das Leben ist eine Party, mach bitte keine Trauergeschichte daraus!

- Lebe intensiv und genieße jeden Tag, so als wäre es dein letzter!
- Fang jeden Tag neu an, denn jeder Tag bietet dir eine neue Chance!
- Erfinde dich ständig neu!
- Freue dich über Urteile von anderen, dann bist du auf dem richtigen Weg!
- Nimm nie was persönlich, denn sie schauen in den eigenen Spiegel!

Zusammenhalt ist die Zukunft?

Sei bereit dafür...

Klarheit + Weisheit + Vorstellungskraft + Zusammenhalt + Durchhaltevermögen + Einstellung + Mut = >>Erfolg<<

Hab den Mut dazu, denn wer aufgibt, hat schon verloren!

Spruch:
Erfolgreich ist immer nur >Der<, der auf sein Herz hört!

Entstehen, erfolgt immer erst durch eine Idee!

Deine innere Führung
führt dich immer erst zu dir selbst! <<
Wir wissen oft nicht, wohin wir wollen!
Sind wir aber von einer Sache oder Idee überzeugt,
dann trägt uns der Wind in diese Richtung,
bist du noch nicht so weit und stehst an einer Lichtung,
dann geb ich dir einen guten Rat,
es war nicht die richtige Saat!
Eines Tages findest auch du dein Glück,
du musst nur daran glauben,
»plane es sacht, – aber auch bedacht«
und dann gehe es an, »Stück für Stück«

aber schau bitte niemals mehr
in deine Vergangenheit zurück!

Stell dich endlich deinen Aufgaben und Verpflichtungen!

>Du kannst dich verstecken, wo immer du willst,
die Gerechtigkeit findet dich auf der ganzen Welt!!

Schlusswort

Ich hoffe, dass Ihnen mein Buch, »Das Leben fordert uns heraus«, gefallen und zum Nachdenken verholfen hat, durch Sehen, Fühlen, Hören können wir nicht nur von anderen lernen, – nein, vielmehr über uns selbst in Erfahrung bringen. Es wäre ein Wunsch von mir, wenn Sie Ihre Berufung, Ihre Herzens-Weisheit immer mehr in Ihr Leben einfließen lassen, somit wird Ihnen die Gelegenheit zu Teil, dass Sie auf Ihrem weiteren Lebensweg Zufriedenheit, Gesundheit, Glück, Liebe und Freude begleiten werden.
Am Ende meines Buches möchte ich gerne wissen, ob Sie ein Stück weit gefunden haben, wonach Sie gesucht haben.

Es ist für mich nicht wichtig, welche gesellschaftliche Stellung Sie haben, wie Sie aussehen oder wie Sie sich kleiden.
Wirklich wichtig ist nur eines für mich, ob Sie aus tiefstem Herzen heraus Ihre Träume leben wollen. Mich interessiert, ob Sie sich Ihrer Einzigartigkeit und Schönheit bewusst sind.

Sie sollten sich darin erkennen und es in der Welt erstrahlen lassen!
Es ist für mich nicht wichtig, wie viel Geld Sie haben, vielmehr würde mich interessieren ob Sie wissen, warum Sie hier sind und ob Sie dieser Welt, aber vor allem sich selbst in den schwersten Stunden Ihres Lebens noch vertrauen schenken oder mutig weiter gehen.
Lassen Sie sich verbiegen oder gehen Sie Ihren eigenen Weg, haben Sie Vertrauen in unsere Schöpfung und fühlen Sie sich mit allem verbunden.
Ich wünsche Ihnen durch das Tal des Sehens, Hörens und Fühlens Glück, Freude, Harmonie, Frieden, Gesundheit und den Segen des Universums.

Ihr
Horst Volz

Ein Lehrgang zum Umdenken

Erfolg und alles, was damit zusammenhängt, ist ein Versprechen, an sich selbst ...

Treffpunkt. - Denken. & Umsetzen.

Kontakt:

T.D.U. Tel: 07026 / 601803
T.D.U. Fax: 07026 / 601805
Horst.Volz@gmail.com
Kai_Volz@yahoo.de
www.TDU-volz.de

Trainingslehrgang

entwickelt für T.D.U.

Ein Lehrgang zum Umdenken

Erfolg und alles, was damit zusammenhängt,
ist ein Versprechen, an sich selbst …

Hallo liebe(r) Interessent/in,
du suchst nach mehr Anerkennung, brauchst mehr Selbstbewusstsein oder bist auf der Suche nach Erfolg? Dann liegst du bei uns genau richtig. Dieser kleine Wegweiser wird dich auf den richtigen Kurs bringen!
Warum bist du eigentlich auf der Suche nach einer neuen Möglichkeit? Lass mich raten …

- Du bewegst dich in einer Sackgasse?
- Du bist unglücklich, weil es keine Veränderungen mehr gibt?
- Du hast keine Lust mehr auf deinen jetzigen Job?
- Du bist einsam?
- Du suchst ein/e neue/n Partner/in?
- Du bist ausgelaugt?
- Du suchst neue Herausforderungen?
- Du bist unglücklich in deiner jetzigen Beziehung?

Oder etwas anderes – jedenfalls bist du nicht rein zufällig auf meine Adresse gekommen. Wir wollen es auch auf keinen Fall »Zufall« nennen. Nicht, weil mir dieses Wort unsympathisch wäre, nein verstehe mich nicht falsch, aber dieses Wort Zufall gibt es eigentlich gar nicht. Der Zufall ist einzig und allein du selbst, sonst wärest du nicht hier gelandet!
Es freut mich, dass wir trotzdem zusammengefunden haben! Es gibt ein Sprichwort, das besagt: »Was sich sucht, das findet sich (früher oder später) auch.«
Wenn du wirklich und ernsthaft eine Veränderung willst und dich danach

sehnst, hast du in jedem Fall schon einen Anfang gemacht!

Dein Wille ist auch stark genug, um etwas Neues zu bewegen oder etwas zu ändern. Auf in den Kampf – denn du bist bereits schon mittendrin, auf der Suche nach einem neuen ICH!
Vertraue dir selbst = SELBSTVERTRAUEN …

Umdenken mit T.D.U.

Trainings und Motivationskurs

Erfolg, ist ein Versprechen an sich selbst!

Beginne mit der Umsetzung deines Planes oder deiner Pläne **JETZT**! Dieses Wörtchen jetzt wird dir immer und immer wieder begegnen. Nimm es ernst, es hat als Wort eine tiefgründige Bedeutung zur Affirmation und Festlegung deiner Träume bzw. deiner Wünsche!
Bestelle dir jetzt mit einem **Klick** deine persönlichen Erfolgsunterlagen:
Wie werde ich erfolgreich?
Oder bestelle mein Buch gleich mit dazu:
»Das, was du denkst, das bist du auch«
Am besten wäre beides.
Ich wünsche allen, die diesen Kurs ausgewählt haben, puren ERFOLG in allem! Was auch immer du für dich auswählst, zögere nicht mehr, beginne damit:
JETZT
Viel Spaß und viel Erfolg bei der Umsetzung
wünscht dir
Horst Volz
Autor des Buches: »Das, was du denkst, das bist du auch!«
über Kontakt erhältlich:
www.TDU-volz.de
Horst.Volz@gmail.com

T.D.U. – Dein Denken hat eine ungeheure Macht –

Bevor du beginnst, lies den Kurs bitte erst einmal ganz durch!

- Schreibe bitte alles, was du gerne in deinem Leben verändern willst, auf; denke aber im Moment nur an dich selbst.
- Schreibe alles auf, wonach dein Herz schreit, oder wonach du Sehnsucht hast.
- Erstelle für dich eine persönliche Wunschliste:

Fragebogen

Datum

…………………..……………………..

Herr/Frau

………………………………..............

Geb. am

…..…………..…………………………

Was will ich an mir verändern?

(Formuliere bitte alles ganz genau und überlege gut. Nimm dir Zeit dafür.)

Wenn dir die Linien nicht ausreichen, nimm ein anderes Blatt mit dazu!

....

....

....

....

....

....

T.D.U. – Dein Denken hat eine ungeheure Macht –

Datum

………………………..……………………

Herr/Frau

……………………………………...........

Geb. am

…..……………..…………………………..

Warum will ich mich verändern?
(Formuliere bitte alles ganz genau. Überlege gut und schreibe, was dir einfällt.)

Wenn dir diese Zeilen nicht ausreichen, nimm ein anderes Blatt mit dazu!

....
....
....
....
....
....
....
....
....
....
....
....
....
....
....
....

T.D.U. – Dein Denken hat eine ungeheure Macht –

Datum

…………………………..…………………..

Herr/Frau

……………………………...............

Geb. am

…..…………..…………………………

Was verspreche ich mir von einer Veränderung?
(Formuliere bitte alles ganz genau. Überlege gut und schreibe was dir einfällt.)

Wenn dir diese Zeilen nicht ausreichen, nimm ein anderes Blatt mit dazu!

....

....

....

....

....

....

....

....

....

....

....

....

....

....

....

....

....

T.D.U. – Dein Denken hat eine ungeheure Macht –
Datum

…………………..……………………..

Herr/Frau

……………………………….............

Geb. am

…...…………..……………………….

Formuliere hier ausführlich deine ganz persönliche Wunschliste! Wichtig: Beginne dabei immer mit dem Wörtchen „ICH“!
Beispiele:

- Ich möchte ab dem 19.05.20.:. einen sehr gut bezahlten Job, der mich erfüllt und glücklich macht.
- Ich kann mir ab dem 21.06.20:.. den schönsten Urlaub nach … leisten, es ist überhaupt kein Problem.
- Ich kann mir finanziell ab dem 22.08.20:.. alles leisten, was ich will. Geld steht mir ab sofort in großen Mengen zur Verfügung. Je mehr ich ausgebe, desto mehr fließt in mein Leben zurück; zum Wohle aller …

Egal, was dir einfällt, wonach du dich schon so lange sehnst, formuliere es mit deiner ganzen Seele und vollem Herzen. Die unendliche Weisheit wird es nicht überhören! Viel Spaß dabei …

Wenn dir diese Zeilen nicht ausreichen, nimm ein anderes Blatt mit dazu!

……………………………………………………………………………………

……………………………………………………………………………………

……………………………………………………………………………………

……………………………………………………………………………………

……………………………………………………………………………………

……………………………………………………………………………………

T.D.U. – Dein Denken hat eine ungeheure Macht –

Was das Ganze noch unterstreicht: Wenn du allen Menschen Gesundheit, Glück, Frieden, Harmonie und das, was dir sonst noch dazu einfällt, wünschst, bekräftigt das deine eigenen Ziele und Wünsche um ein Mehrfaches!
Stecke nun deine kompletten Zettel mit den Formulierungen in einen Umschlag, überprüfe aber vorher deine Angaben nochmals, ob du auch nichts vergessen hast.
Lege diesen Umschlag mit den Dokumenten für dich privat ab und warte, was geschieht. Mache dir auch keine Gedanken mehr darüber, warte einfach ab …

Vertraue deiner inneren Führung zu 100%!

Erfüllt sich einer deiner Einträge, dann nimm deine Unterlagen heraus, mache ein Häkchen dahinter und schreibe ein großes DANKE dahinter; das ist schon alles …
Aber vergiss wirklich nie, dich zu bedanken! Das ist wichtig! Du weißt es von dir selbst, wenn du etwas gibst und hörst kein DANKE, dann könnte es unter Umständen schon sein, dass du nicht mehr so gerne und von Herzen etwas gibst … Genauso verhält es sich auch mit dem Universum.
Dein Leben wird sich auf jeden Fall und in jeder Hinsicht danach verändern.
Der eiserne Glaube und Geduld spielen natürlich auch eine große Rolle.

Es wird so kommen, wie du es für dich bestimmt hast!

T.D.U. – Trainingskurs – Ich bin selbst der Schöpfer –

Behalte alles Positive in deinem Gedächtnis und mache es zu deinem persönlichen Vermächtnis!
Gehe in deinem Unterbewusstsein durch eine Zeitreise, wirf dabei alles raus, was du nicht mehr benötigst, und ersetze es durch Neues.
Lösche alles raus, mit dem du nichts mehr anfangen kannst! Schmücke es dann mit deinen schönsten Gedanken aus, die für dein Leben große Bedeutung haben und ebenso nützlich für dich sind.
Alles, was keinen Wert mehr für dich hat, sortiere aus und lasse es weg; vergiss es einfach oder lösche es am besten komplett raus, sonst steht es dir am Ende im Weg! Lass das Alte weg und hole Neues rein …
Dein menschlicher Computer speichert leider alles ab, was in deinem Leben passiert, ob es nun gute Erfahrungen sind oder schlechte. Mit den guten kann man leben, die schlechten sollte man so schnell wie möglich immer über Bord werfen, was allerdings nicht immer so einfach ist …
Alles Gute bringt auch gute Gefühle hervor, schlechte Gefühle können vernichtend auf uns wirken. Also kontrolliere deine Gedanken auf das peinlichste! Wenn dich in der Zukunft jemand beeinflussen will, dann achte einfach einmal auf deine Gefühle, denn sie lügen nie. Wie fühlst du dich im Moment? Überprüfe deine Gedanken regelmäßig, es ist gut für dich!
Wenn es dir schlecht geht oder du in eine Art Depression fällst, denke immer daran: **Du bist mit dem Universum verbunden, es ist eine Kraft, die dich nie alleine lässt.** Verbinde dich mit ihr und du hast sofort über deine Gedanken wieder Macht. Konzentriere dich auf Gesundheit, Wohlstand, Friede, Geduld, Liebe, Harmonie, Weisheit, Klugheit, usw. Also wohltuende und heilende Gedanken, denn das setzt geballte Energie frei.
Lass auf keinen Fall deinem »kleinen Ich« den Vortritt, sondern erlaube deinem »großen Ich«, in Erscheinung zu treten!
Höre in dich hinein, es wartet schon förmlich darauf, sich bei dir zu melden, um dich endlich näher kennenzulernen …

T.D.U. – Trainingskurs – Ich bin selbst der Schöpfer –

Er spricht leise, man kann ihn kaum verstehen,
er ist müde, er kann kaum noch gehen,
er sieht gut aus, kann es aber kaum noch sehen ...
Wird sich das Blatt noch wenden,
sollte er eine Nachricht an das Universum senden?
Wird er seinem Mann wieder stehen,
Ja, er hilft wieder mit, an der Mutter Erde zu drehen ...

Das musst du wissen …

Das Universum setzt sich aus einzelnen Bausteinen zusammen. Die Quantenphysik hat bewiesen, dass alles aus Atomen besteht, aus so genannten subatomaren Teilchen, welche man Quanten nennt.
Konzentrierte Energie ist also nichts anderes als subatomare Teilchen – und auch du bist ein Teil davon.
In deinem Leben passiert immer genau das, was du denkst (Was und woran denkst du gerade?). Deine Gedanken sind somit Energie, die auf einer bestimmten Frequenz schwingen. Somit gibt es auch nicht den so genannten »Zufall« …
Wissenschaftler können mit den richtigen Instrumenten in einer bestimmten Frequenzschwingung Gedanken oder Hirnwellen messen.
Du siehst also, lieber Leser, um es mit anderen Worten zu sagen, sind wir alle miteinander verbunden; alles, was du denkst, erschaffst du dir in diesem Moment selbst. Achte deshalb immer auf deine Gedanken! Denn früher oder später werden sie sichtbar werden!
Du bist selbst der Schöpfer deines Lebens!
Alles, was du anziehst, zieht auch dich an, alles, was in deiner Frequenz schwingt, kannst du somit auch in dein Leben holen.
Achte deshalb darauf! Diese Schwingungen gelten sowohl im positiven wie auch im negativen Sinne. Für was entscheidest du dich?

T.D.U. – Trainingskurs – Ich bin selbst der Schöpfer –

Meditation und Ruhe sind wichtig …

Werde ruhig und gehe in dich, wann immer du Zeit hast. Stelle dir dann deine Wünsche und Träume bildlich vor; wiederhole es ständig und überall, bis die Bilder langsam Wirklichkeit werden!
Bitte die unendliche Weisheit um Führung, glaube fest daran und hab Geduld.
Gib aber bitte nicht gleich auf, wenn es nicht sofort funktioniert, denn alles Gute bei einer Veränderung braucht seine Zeit. Es wird so sein, dass es bei einer Sache schneller geht, und bei der anderen dauert es eben etwas länger, je nachdem, wie hoch du die Latte gelegt hast.
Nochmals: Gib auf gar keinen Fall auf, du hast das Laufen, Fahrrad fahren, Auto fahren, Schwimmen oder andere Dinge auch nicht an einem Tag erlernt/gelernt! Oder doch ? – Mein Respekt!

T.D.U. – Trainingskurs – Wir sind alle miteinander verbunden

Für alles bisherige, was in dein Leben gekommen ist, hast du dir bewusst oder unbewusst Zeit genommen. Sei geduldig, es wird werden, wie du es willst. Gönne und wünsche jedem Menschen in deiner/m Umgebung/Umfeld all das, was für dich gut ist. Wünsche ihnen auch Glück, Gesundheit, Wohlstand, Harmonie und was dir sonst noch einfällt, denn das tust du auch für dich selbst! Denke immer daran: Wir sind alle miteinander verbunden …

Du glaubst es immer noch nicht? Denke fest an einen Menschen, den du schon lange nicht mehr gesehen hast, stelle dir vor, wie du mit ihm / ihr einen Kaffee trinkst und ihr euch dabei ganz angeregt über frühere Zeiten unterhaltet. Du wirst nicht lange warten müssen, bis dieser Mensch wieder in deinem Leben auftaucht!

Das ist nur ein Beispiel von vielen, es funktioniert mit allem, was du abrufen oder erleben möchtest … Probiere es aus, fang gleich damit an! Zeit ist kostbar!

Glaube mir, alles, was du wirklich willst und dir auch bildlich vorstellen kannst, vor allem, wenn es dazu noch ein Herzenswunsch ist, wirst du in dein Leben holen. Du funktionierst dann wie ein Magnet, der anzieht, was immer du auch willst oder dir wünschst.

Das hört sich für dich vielleicht im Moment noch unglaublich an, aber so ist das eben nun mal … Üben, üben, üben … JETZT!

Ich wünsche dir von ganzem Herzen, dass du bei der Umsetzung deiner Gedanken, Wünsche und Träume nie deine Ziele aus deinen Augen verlierst! Und natürlich viel **ERFOLG** in allem, was auch immer du möchtest; im positiven Sinne gesehen …

T.D.U. – Trainingskurs – Wir sind alle miteinander verbunden

Zum Nachdenken …

Ein Tag wie jeder andere,
mein Geist mühselig wandere.
Täglich hofft die Menschheit auf mehr Gerechtigkeit,
Glück, Gesundheit, usw. – und Seligkeit.
Sich freuen, auf alles neue, heißt erwachen und staunen …
Bleib deshalb geduldig, voller Erwartung, glücklich und immer guter Laune …
Alle Wünsche erfüllen sich ganz wie von selbst, die du vom Universum bestellst,
betrachte dich und andere, die Hauptsache ist, dass du dir noch selbst gefällst,
nimm es dann so, wie es kommt, und überhöre das Gelächter,
denke immer daran, es gibt Menschen, denen geht es viel, viel schlechter!

Alles ist eins, das weißt du bereits. Wir sind mit allem und jedem verbunden; es kommt also immer wieder zu dir zurück. Wie du es aussendest in Worten, geistiger oder materieller Art … Überlege daher ab jetzt, was du gibst und wie viel. Bedenke auch, was du über dich selbst oder über andere denkst, denn der Weg findet zu dir zurück …
Ich wünsche dir, dass ab jetzt nur Gutes in dein Leben kommt. Handle und denke also entsprechend nach diesem Muster …
Das, was du Gutes in diese Welt miteinbringen kannst, solltest du auf gar keinen Fall nur für dich alleine behalten, sondern die Menschheit daran teilhaben lassen. Alle brauchen deine Ideen und Inspirationen, sie sind für den Fortschritt wichtig oder können den Menschen irgendwie behilflich sein und vielleicht auch zu einer besseren Lebensqualität beitragen.
Die Menschheit will wissen, was du zu sagen hast, teile es ihnen mit, du hast ein Recht dazu, also nutze deine Vorteile aus und gib uns, was du zu geben hast!

Lieber etwas laut und deutlich gesagt, dafür aber kein Magengeschwür, ist viel besser für deine Gesundheit. Vom Totschweigen hat niemand etwas …

T.D.U. – Trainingskurs – Wir sind alle miteinander verbunden

Also nochmal: Sage, was du zu sagen hast! Im ersten Moment weißt du zwar noch nicht, wie weit es dich eventuell bringen wird. Aber du musst es tun, sonst wirst du es nie erfahren …
Fange heute noch damit an!
Du bist ein Denker auf dieser schönen Erde; du erschaffst dir mit deinen Gedanken und Worten genau das, wonach du dich sehnst. Schaffst du es nicht alleine, dann werden Menschen in dein Leben treten, die dir dabei behilflich sind, deine Wünsche und Träume in die Realität umzusetzen …

Sprich aus, was du dir wünschst oder was du zu sagen hast, und Hilfe wird zu dir eilen …

T.D.U. – Trainingskurs – Wie setze ich es um? –

Glaube + Hoffnung + Ausdauer + Geduld = ERFOLG

Viel Geld und Materielles bedeutet ein unabhängiges Leben,
auf ein Ziel gerichtetes Streben;
Geld bedeutet natürlich auch Reichtum –
hast du es im Moment noch nicht, sei 's drum ...
Wichtig ist jedoch immer dein eigenes, persönliches Glück.
Nimm kostenlos vom Kuchen des Lebens ein großes Stück!
Das Geld und alles andere, was du wirklich und glaubhaft willst,
und deine Energie damit stillst,
kommt selbstverständlich eines Tages auch zu dir,
dafür sorgt das Universum, das glaube mir ...

Glaube an eine höhere Macht! Nenne sie, wie du willst: Universum, das Unendliche, unendliche Weisheit – oder setze einen in deiner Vorstellung angebrachten Namen ein. Ich persönlich nenne diese Macht Gott ...

Denke dabei immer, dass du mit dieser gewaltigen Kraft verbunden bist! Und mit dieser göttlichen Kraft und Macht kannst du alles erreichen und umsetzen – was immer du auch willst ...

Die Bibel schreibt von der Macht des Unterbewusstseins ...

Die Wege unseres Unterbewusstseins sind unerklärlich und die Bibel sagt in Bezug auf unser Unterbewusstsein, der Herr wolle mit uns reden in einem Traum.
(4. Mose 12, 6).

Bei allem, um was ihr bittet in eurem Gebet, glaubt, dass ihr es schon erhalten habt, dann wird es euch zuteil
(Markus 11,24).

Die allmächtige Kraft ist in dir und immer um dich herum, in jedem Augenblick!

T.D.U. – Trainingskurs – Wie setze ich es um? –

Wenn es dir schwer fällt, das zu glauben, dann versuche doch einfach einmal, nicht zu atmen … Dein höheres ICH versorgt dich in jeder Sekunde deines Le-bens mit allen Lebensnotwendigkeiten, die du für deine Existenz brauchst …
Schaue in den nächsten Spiegel, den du finden kannst, und halte ihn vor dein Gesicht. Nun, was siehst du? Genau – du siehst das Leben, du existierst also doch und wirklich! Jetzt schließe deine Augen einen Moment und denke nach …
Halte in Zukunft nach allem Schönen Ausschau und es wird ein Teil von dir werden.

T.D.U. – Trainingskurs – Richte deine inneren Blicke auf all das Schöne um dich herum –

Motivation … (Aus Erfahrungen gelernt, zum Nachdenken gedacht.)

Glaube an deine Träume, in jeder Sekunde, und sie werden sich verwirklichen! Nur du alleine bist dazu in der Lage, das in dir auch hervorzubringen …

Höre in dich hinein, es will dir jemand in dir verraten, wie du es angehen musst. Das Geheimnis ist tief in und mit dir selbst verwurzelt, alles Schöne existiert bereits schon in deiner Mitte. Bringe es hervor, beginne JETZT damit …

Lasst eure Herzen für alles Schöne im Herzen aufgehen und erblühen, seid jederzeit dankbar. Dafür, dass ihr Leben dürft, dass ihr hören, sehen und schmecken dürft. Das alles ist nicht immer nur eine Selbstverständlichkeit!

Miteinander sind wir plötzlich stark und können alles bewegen, es setzt unglaubliche Kräfte in Bewegung. So ist auf einmal nichts mehr unmöglich …

Bleib so, wie du bist, lass dich von niemandem ändern oder verändern. Du bist hier auf der Erde einmalig; dein Denken ist einmalig, denn niemand denkt so wie du!

Niemand weiß von deinen Gedanken, schreibe sie auf, höre in dich tief hinein. Und dann beginne mit der Umsetzung deiner Ziele. Setze dir aber Ziele, die am Anfang auch erreichbar sind. Nicht, dass du enttäuscht bist, wenn nicht gleich ein Porsche oder eine Fahrt zum Mond bei dir eintrifft …

Du weißt es bereits – für das Universum ist dennoch nichts, gar nichts unmöglich!

Du alleine trägst es in deinem Geist, was du wirklich willst und was nicht, gib also niemand anderem die Schuld, wenn es nicht so läuft oder kommt, wie du es für dich angeblich bestimmt hast. Für dein Glück oder

Unglück bist immer und in jedem Fall nur du selbst verantwortlich, wohin deine Reise letztendlich gehen soll … Kontrolliere deine Gedanken und überprüfe nochmals: **Ist es wirklich das Richtige für mich, oder bin ich mir noch unsicher?**

T.D.U. – Trainingskurs – Wie du in kurzer Zeit alles bekommst, was du willst –

Empfohlene Weisheiten, die das Leben schreibt, zum Anwenden … (als Hilfestellung gedacht; Wiederholungen – gut einprägen!)

Lerne deine Gedanken in den Griff zu bekommen, sonst bekommen dich deine Gedanken in den Griff …
Mach etwas aus deinem Leben, sonst machen es andere für dich – oder gegen dich.
Lass dich nicht unterkriegen, ich bin überzeugt, du machst das schon …
Sei immer dankbar – wie, wann, wo, wozu, warum, wieso – wenn sich dein Leben ändert oder verändert. Wir sind für Veränderungen gemacht, das Leben wäre sonst stinklangweilig … Heute Regen, morgen Sonnenschein …
Organisiert etwas gemeinsam, arbeitet z.B. an einem neuen Projekt, und dann schaut genau hin, wie Kraft und Macht sichtbar werden …
Es gibt keinen Zufall! Du bist der Macher – das ist der Zufall …
Immer wieder Pläne machen und Ziele stecken, weshalb, wieso, warum …

Zum Nachdenken …

Es überrascht mich immer wieder aufs Neue, wie die Gedanken
ständig wandern und wanken ...
Keiner weiß so genau, was soll er eigentlich tun,
kann überhaupt nicht richtig ruh'n ...
Die Gedanken sind immer auf einer langen Reise,
aber auf eine ganz besondere Art und Weise.
Gedanken sind jedoch für jeden Menschen ganz persönlich
und von einzigartiger Art.
Keiner im Umgang damit spart,
schicken sie weg und holen sie je nach Bedarf wieder zu uns her,
sonst wären logischerweise unser Verstand und jegliche Gefühle völlig leer ...

T.D.U. – Trainingskurs – Wie du in kurzer Zeit alles bekommst, was du willst –

Achte darauf, wohin du deine Aufmerksamkeit lenkst. Wer neidisch und voller Hass durch das Leben geht, wird in den wenigsten Fällen etwas bewegen oder erreichen. Denn er ist viel zu viel damit beschäftigt, nach anderen zu schauen, was diese haben und wie sie es erreicht haben …
Kontrolliere, auf was du deine Wünsche lenkst, denn einer, der nur mit den Augen sieht, wird das Wesentliche nicht erkennen. Er wird vorüber gehen, ohne noch einmal genauer hinzusehen …

Gedicht zum Nachdenken …

Das, was wir sehen, ist alles wahr.
Es ist uns deshalb aber nicht unbedingt klar!
Alles, was der Mensch nicht unmittelbar berührt,
nicht an seinen Händen spürt,
glaubt er einem anderen nicht.
So sehe ich es aus meiner Sicht!
Sehen es wir jedoch von einem anderen Stern,
so glauben wir es gern …

Das, was wir spüren und sehen können, glauben wir auch. Jedoch das, was unsichtbar und noch im Verborgenen liegt, glauben wir nicht. Warum eigentlich?
Wenn du Zweifel hegst und pflegst, schiebst du nur alles nach hinten hinaus. Lege deine Selbstzweifel also jetzt sofort ab und ändere dein Denken! Dann klappt es wieder, denn dein Freund Zweifel ist eine Bremse in dem bereits gelernten und erprobten System.
Denke dir etwas aus und vertraue ganz dem Universum. Es wird dir das WIE schon rechtzeitig schicken; denn darüber musst du dir nun wirklich nicht den Kopf zerbrechen!

T.D.U. – Trainingskurs – Wie du in kurzer Zeit alles bekommst, was du willst –

Also zweifle nun nicht mehr länger an deinen Fähigkeiten und hole dir in kürzester Zeit alles in dein Leben, was du willst!

Wenn du was erreichen willst, brauchst du eine positive Einstellung …

Ich bin ein Typ mit sehr unruhigem Blut,
aber dennoch mit sehr viel Mut.
Ständig mit dem Blick nach vorne gerichtet, gehend aufs Ganze,
mich ab und zu auch mal verschanze …
Heiß auf alles Neue,
so gut wie nie etwas bereue,
mein Blut läuft aufgeregt durch die Arterie!
Morgen beginnt eine neue Materie,
endlich wieder etwas Neues beginnt,
bevor das Blut in den Adern gerinnt …
Wenn Menschen wollen etwas Neues beginnen,
sagen erst alle, die spinnen,
aber die Leute, die es trotzdem wagen
und nicht dabei verzagen,
lassen sich durch nichts und niemanden erweichen,
werden eines Tages alles und noch viel mehr dazu erreichen!
Denn nichts im Leben ist unmöglich,
und der dann ganz oben steht, bist DU womöglich …

T.D.U. – Trainingskurs – Wie du in kurzer Zeit alles bekommst, was du willst – Gönne dir ERFOLG, du hast ihn dir verdient …

Du kannst dir nicht vorstellen, was geschieht, wenn du das Spiel des Lebens mitspielst … Wenn du Vertrauen hineinlegst und noch eine Extraportion mit dazugibst, beschleunigt sich alles um ein Vielfaches …
Lass dich in deinen Vorhaben von nichts und niemandem einschüchtern! Sie sind oft nur selbst nicht in der Lage, wegen gewissen Selbstzweifeln oder Ängsten etwas zu wagen, geschweige etwas Neues zu beginnen. Auf der anderen Seite aufpassend wollen sie aber auch nicht, dass aus dir etwas wird; und um das zu verhindern, konzentrieren sie sich ganz gezielt und bewusst darauf, dir dein Vorhaben so schnell wie möglich wieder auszureden.
Hau rein und gibt Gas, glaube an dich, denn nur so ist es möglich, ganz oben zu stehen! Vertraue deshalb auch nur dir selbst, höre auf dein Bauchgefühl und vertraue deiner inneren Stimme, dann wirst du auch dort oben ankommen …

Mache dir ständig bewusst … (Beispiele)
Ich bin reich …
Ich bin erfolgreich …
Ich bin völlig gesund und glücklich …
Ich verfüge über eine großartige und starke Energie in mir …
Ich erreiche alles in meinem Leben, was ich will – ausnahmslos …
Usw. …
Das Universum wird mit seiner Antwort nicht lange auf sich warten lassen!

T.D.U. – Trainingskurs – Deine Gedanken erschaffen deine Wirklichkeit –

JETZT!

Verlagere deine Gedanken immer auf das JETZT, denn es gibt im JETZT kein Gestern oder Heute oder Morgen. Du lebst in diesem Moment ganz bewusst und auch unbewusst im JETZT und HIER. Jetzt verstanden?
Du wirst somit jeden Tag neu geboren; also ist jeder neue Tag für dich ein Neuanfang, ein neuer Lebensabschnitt. Wohlgemerkt: täglich beginnt dein neues Leben! Erschaffe dir also heute deine neue Wirklichkeit und deine neue Identität, schöpfe aus dem Vollen, es ist genug für alle Menschen auf der ganzen Welt vorhanden. Keine Angst, du nimmst niemandem etwas weg!
Die Unendlichkeit stellt dir unbegrenzte Möglichkeiten zur Verfügung, es lädt dich täglich ein. Wann nimmst DU deine Einladung an?
Genieße dein Leben in vollen Zügen, es ist zu kurz, um es anderen zu überlassen.

Liebe + Gedanken = eine ungeheure Macht … sind zusammen nicht zu toppen.

Mit Liebe kannst du alles bewegen,
es ist des Lebens Segen.
Treibt dich immer voran
auf deiner Bahn, mit unbegrenztem Elan …
Lass dich auf gar keinen Fall unterkriegen,
nicht über deine Gedanken siegen,
niemals unten liegen,
immer nach oben streben,
alles tun dafür, für das Irdische und das Ewige Leben!

T.D.U. – Trainingskurs – Deine Gedanken erschaffen deine Wirklichkeit – Gedanken haben Macht …

Verfolge dein Leben mit viel Stil,
erlaube dir jeglichen Luxus, das Universum gibt dir viel.
Gib deinen Gedanken positive Macht,
deine innere Freude in dir erwacht!
Das wiederum bringt dir schöpferische Kraft,
wird sehr gut zirkuliert, dein Lebenssaft,
dein Leben ist in jeder Hinsicht gut bedacht,
es ist ja schließlich auch für dich gemacht.
Deine Gedanken führen dich durchs Leben,
deshalb ist es sinnvoll, etwas Tolles anzustreben …

Höre in dich hinein, du wirst deinen Weg erkennen und ihn dann geradewegs gehen. Ohne Umwege wirst du deiner inneren Führung vertrauensvoll folgen und deinem erwünschten Ziel entgegensteuern.
Das Universum arbeitet am liebsten da, wo Harmonie und Ruhe sind. Es wird dir über deine Gefühle eine Antwort schicken. Du wirst deutlich spüren, ob es gute oder weniger gute Gedanken sind …
Die einen werden dich beflügeln und die anderen werden dich herunterziehen; du wirst beides von deiner Erfahrung her kennen …
Wenn Gedanken in deinen Sinn kommen, mit denen du nichts anfangen kannst, dann wandle sie um. Wie man das macht, weißt du bereits. Aus diesem Grund weise ich auch immer wieder darauf hin.

Lass es einfach nicht zu!

Achte auf deinen Gefühlszustand, er betrügt dich niemals, auf ihn kannst du dich felsenfest verlassen! Probiere es aus: Denk an etwas Trauriges, warte ab, was geschieht, dann wiederhole es mit einem positiven Ereignis, das dir in deinem Leben widerfahren ist. – Wie fühlst du dich?

Es geschieht dir immer nach deinem Glauben.

T.D.U. – Trainingskurs – Deine Gedanken erschaffen deine Wirklichkeit –

Ich wünsche dir zu jeder Zeit ein gutes Gefühl, schöne Gedanken und eine optimale Orientierung beim Erschaffen deiner Wirklichkeit!

Zum Nachdenken …
Nimm, was dir am besten zusagt oder setze ein Wort ein, mit dem du dich wohl fühlst.
Gott / Unendlichkeit / Universum oder … verleiht dir Flügel,
damit erklimmst du jeden Berg und jeden Hügel …
Schenke ihm jeden deiner Gedanken
und dein Leben wird niemals mehr wanken …

Sprichwort …
Wer zu viel nach anderen schaut, verliert den Blickwinkel zu sich selbst.

Beschließe JETZT …
Entscheide dich JETZT für Erfolg, fühle dich erfolgreich, glücklich, unabhängig. Fühle, wie unendlicher Wohlstand, Gesundheit, Glück, Frieden, Geduld, Liebe, Harmonie in dein Leben kommen. Kannst du es fühlen und spüren? Wenn ja, dann verhalte dich auch so und gib es weiter … Andere spüren, wie du dich fühlst!

T.D.U. – Trainingskurs – Dein Leben beginnt im JETZT –

Sieh das Leben als ein tolles Erlebnis an, in dem du viele Abenteuer erlebst …

Wiederholung für dein Gedächtnis

Denke immer daran: Du lebst hier und im JETZT! Die Vergangenheit und die Zukunft sind nur eine Illusion, die in deinem Verstand existiert. Deshalb entscheide dich JETZT voll und ganz!
Konzentriere dich hier und JETZT nur auf den Augenblick, denn genau in diesem Moment spielt sich dein Leben schon auf einer höheren Ebene ab …

Meditiere täglich …

Erfahre dabei das zeitlose Bewusstsein …
Deinen Körper zu erkunden,
Seele, Fleisch und Geist sind miteinander verbunden …
Mit sich selbst im Reinen zu sein, das ist das Geheimnis …
Wenn du dein SELBST wirklich verstehen lernen willst, musst du dir der Tatsache bewusst werden, dass du sowohl ein materieller als auch ein nichtmaterieller Körper bist. Das wiederum heißt, in dir ist ein höheres ICH, nennen wir es dein **großes ICH**.
Was glaubst du, wer in diesem Moment diese Zeilen liest, oder für dich beobachtet, oder wer für dich denkt? Denke einmal kurz darüber nach …
Es ist eine Quelle von allem, es ist der Ursprung der Schöpfung! Hast du immer noch Zweifel, dass alles miteinander verbunden ist? Also auch deine Wünsche …

T.D.U. – Trainingskurs – Dein Leben beginnt im JETZT –

Zum Nachdenken …

Ein heikles Thema in dieser stressigen und hektischen Zeit –
wenn du es nur glauben könntest,
dann bist du von deinem Glück nicht mehr weit!
Klinke dich mit Körper, Seele und Geist schnellstens ein,
dann bist du von allem Hastigen
in dieser stressigen und hektischen Zeit befreit …
Ruhe, Erfolg und Gelassenheit findest du nur in dir selbst, wenn du es erst einmal angezapft hast; erst dann wirst du wissen, wovon ich hier rede …

Liebe ist ein wichtiger Teil, der natürlich auch dazugehört. Wenn du die Menschen um dich herum nicht magst, wie soll dann Liebe zu dir kommen?
Es aus dieser Perspektive zu betrachten bringt dir wesentlich mehr.
Aufgepasst: Wenn du dich selbst und die Menschen von ganzem Herzen liebst, ihnen sogar noch ihre Übertretungen oder Beleidigungen vergibst oder verzeihst und sie segnest, dann wird das all das tausendfach zu dir zurückkommen. Du wirst dich frei, erleichtert – ja, einfach großartig und glücklich und wie neu geboren fühlen!
Versuche es JETZT! Fang bei dir selbst an! Verzeihe, vergib dir alles und segne dich. Und dann pass auf, wie du dich fühlst … Schreib mir, ob ich Recht hatte!
Selbstverständlich gehört die Dankbarkeit wie die Luft zum Atmen mit dazu. Sei deshalb dankbar für alles, was du bisher schon bekommen hast, das Universum wird dich für deine Dankbarkeit reichlich belohnen!
Bedanke dich auch für das, was noch in völliger Erwartung und auf Abruf für dich bereit gestellt ist.
Das, was du bisher schon bekommen hast, dafür sag einfach: DANKE.
Das, was du noch in dein Leben holen willst, dafür sag einfach: BITTE.

T.D.U. – Trainingskurs – Dein Leben beginnt im JETZT –

Zum Nachdenken …

Sonnenschein, Dankbarkeit und Liebe, gegeben durch den Herrn,
geordnet und gemacht für uns, auf einem anderen Stern,
gibt uns täglich, was wir benötigen und sonst noch brauchen,
können wir ein Wort des DANKES von unseren Lippen hauchen …

DANKE FÜR ALLES!

Es wird dir schon einiges bekannt vorkommen, aber glaube mir, Wiederholungen sind wichtig. Dieser Kurs ist deshalb ganz bewusst so aufgebaut. Dein Unterbewusstsein kannst du nur überzeugen, wenn du deine Wünsche, oder was auch immer du erreichen willst, deine Sätze, immer wieder und so oft wie nur möglich wiederholst.
Egal, ob du nun das Rauchen aufgeben, abnehmen, mehr Geld, einen gut bezahlten Job, Gesundheit oder eine neue Liebe willst – um es zu erreichen, muss deine Überzeugung und Einstellung dazu stimmen/passen.
Wichtig: Denke dabei an deine Formulierungen, dann wiederhole, wiederhole es so oft wie möglich, bis es dein höheres ICH in dir als wahr anerkennt …

Vertraue dann auf deine innere Führung zu 100 %!

Halte diese 5 Schritte unbedingt ein …

Bitte darum – JETZT
Male es dir in deinem Geist, in den schönsten Farben aus – JETZT
Glaube daran, dass du es bereits erhalten hast – JETZT
Bedanke dich dafür herzlich – JETZT
Freue dich darauf im – JETZT

T.D.U. – Trainingskurs – Dein Leben beginnt im JETZT –

Für das Universum spielt es keine Rolle, ob deine Affirmation 1,– Euro / 100,–Euro / 1.000,– Euro / oder 1.000.000,– Euro lautet, es ist ihm gleichgültig! Das Unendliche ist zeitlos, unbegrenzt, es kennt daher keine Begrenzungen oder Größenordnungen, es denkt und lenkt in ganz anderen Dimensionen, die für uns nicht vorstellbar sind. Du kannst es aber abrufen, denn du weißt JETZT, wie es geht.
Also nochmal, dieses Prinzip funktioniert mit allem, was du dir vorstellst …
Versuche; üben – es funktioniert immer!

Beispiele …
Ich verdiene in diesem Jahr ……………… Euro, oder noch viel mehr, es stellt sich JETZT ein und von überall her fließt Geld im Überfluss und in rauen Mengen …
Ich führe JETZT ein zufriedenes, erfolgreiches und gesundes Leben …
Das gleiche wünsche ich auch allen Menschen um mich herum. Außerdem jedem Menschen auf dieser Welt; Gottes reichen Segen, mit Gesundheit, Glück und Frieden verbunden.
Du bekräftigst und befähigst dich damit selbst, wenn du anderen Menschen all das wünscht, was dir selbst zu Teil werden soll!

Du setzt damit eine grenzenlose Macht in Bewegung!

Erklärung zum Wort »jetzt« – Wie wichtig ist JETZT?

Denke daran, Wiederholungen sind wichtig!
Das JETZT ist wichtig, es löst die Kraft aus, die du zum Schöpfen deiner Vorstellungen und Träume brauchst.
Es funktioniert bei allem, was du manifestierst; lass dich aber nicht täuschen, wenn du die Besitztümer nicht gleich siehst, sie sind in diesem Augenblick noch eine Illusion und du kannst sie auch noch nicht sehen. Für das Universum ist es jedoch eine ausgesprochene und angenommene Wahrheit und du hast, was immer du auch manifestiert hast, es auf Energieebene bereits erhalten …

T.D.U. – Trainingskurs – Dein Leben beginnt im JETZT –

Zum Nachdenken …

Danket für alles, was ihr im Leben bekommt,
sonst euch vielleicht etwas entkommt;
danket eurem Schöpfer für alles, was er am Tag euch beschert,
bittet und es wird euch nichts verwehrt …

Wenn du glaubst, dann ziehst du eine unglaublich große Macht in dein Leben und du sitzt plötzlich auf einer Rakete, die dich in die Sterne schießt. Hört sich fast unglaublich an, was? Aber es ist so, einfach genial! Tue immer das, was du für richtig hältst und du wirst dir selber nie mehr etwas vorwerfen können. Dein Gewissen ist frei, du hast es versucht …
Menschen haben den Mut zu sich selber verloren, trauen sich daher nur noch das Notwendigste zu. Wenn du aber mehr erreichen willst, und das gilt für alles im Leben, dann musst du dir selbst und wie von selbstverständlich einer unsichtbaren Macht Vertrauen schenken, die dich genau dahin bringt, wovon du träumst, und die dir deine lange ersehnten Wünsche erfüllt.
Wenn du in deinem Glauben daran nicht schwach wirst, hast du es schon geschafft, den Rest macht die unsichtbare Kraft für dich. Sobald nämlich das Unterbewusstsein deine Formulierungen als Wahrheit anerkannt und akzeptiert hat, beginnt der Schöpfungsprozess automatisch.

T.D.U. – Trainingskurs – Ich will Erfolg haben –

Wiederhole deine Affirmationen, bis sie sich tief in dein Unterbewusstsein eingepflanzt haben. Frühmorgens, vor dem Aufstehen, am Abend, bevor du einschläfst, ist dein Unterbewusstsein besonders empfänglich, denn da bist auch du entspannt und kannst dich gut konzentrieren.
Dein Wunschgebet könnte in etwa so lauten:
Ich übergebe dem Universum meine Träume und meine Führung, es wird sich allem annehmen, worum oder wofür ich gebeten habe.
Ich bin mir seiner unendlichen Macht voll bewusst und vertraue mich ihr zu hundert Prozent dankbar an; ich wünsche zeitgleich allen Menschen auf dieser Welt Glück, Frieden, Harmonie und reichen Segen.

DANKE

Gebet für Außergewöhnliches …
Liebes Universum, gib mir JETZT besonders viel Kraft zum Leben, lass mich täglich deine Stimme hören, nach ihr streben, sei bei mir, wenn ich dich zum Handeln und umsetzen brauche. Sei mir in diesem Moment und Augenblick offen für meine außergewöhnlichen Wünsche und Träume, ich schicke sie dir jetzt voller Vertrauen und Zuversicht zu dir, damit du es in die sichtbare Tat umsetzt. Mache mich JETZT für alles außergewöhnlich fähig! DANKE!
Höre dann immer auf deine leise innere Stimme, sie will Kontakt mit dir aufnehmen. Wenn die Antwort kommt, wirst du dich gut und wie neu geboren fühlen, dann handle sofort und setze deinen Plan in die Tat um; lasse bitte keine unnötige Zeit mehr verstreichen! Du wirst auch klare Zeichen von deiner Außenwelt bekommen, die dich in deinem Vorhaben vorantreiben werden. Denn Gewinner handeln sofort, deshalb sind sie so erfolgreich!
Das Universum wird alle deine Vorhaben in die Tat umsetzen, mache es dir JETZT bewusst!
Es geschieht dir nach deinem Glauben …

T.D.U. – Trainingskurs – Das, was du denkst, das bist du auch!

Das, was du denkst, das bist du auch!

So heißt mein Buch, das ich noch vor diesem Trainingskurs geschrieben habe. Wenn es dich interessiert, bestelle es doch einfach hier, unter der unten angegebenen Internetadresse. Ich habe noch mehr zu sagen … Neugierig?
Helft alle mit, dass die Liebe unter den Menschen und untereinander wieder wächst, denn darin verbirgt sich die größte Macht hier auf Erden, damit ziehen wir alles Gute magisch an.
Lasse dich nie aus der Reserve locken, denke an deine Richtung, mache es dir täglich zu deiner Aufgabe, ihr ganz konzentriert zu folgen.
Das, was du den ganzen Tag über denkst, das bist du auch!
Also, ändere deine Gedanken -- >> JETZT << --
Lies diesen Kurs mehrmals durch, folge genau den Anweisungen und schreibe dir deine persönlichen Wünsche, in die dafür vorgesehenen Vordrucke (Seite 136 - Seite 144). Lies Seite für Seite durch, mache alle Übungen vollständig mit, dann warte und sei auf deine Ergebnisse gespannt, die du dabei erzielst.
Wenn du aus diesem Buch den einen oder anderen Erfolg ziehen kannst, würde ich mich über eine E-Mail von dir sehr freuen! Lass mich an deinem Erfolg teilhaben, lass mich mit dir gemeinsam freuen.

Denke wie ein Gewinner, dann wirst du zum Gewinner!

Ich wünsche dir JETZT viel Erfolg, bei allem was du tust. Ich weiß und bin 100%ig davon überzeugt, dass du es, egal, was du dir auch vorgenommen hast, schaffen wirst!
Horst Volz
horst.volz@gmail.com
www.TDU-volz.de

Schulungs- und Persönlichkeitsentwicklung von Mensch zu Mensch

T.D.U.

Treffpunkt Denken und Umsetzen
Erfolg und alles was damit zusammenhängt,
ist ein Versprechen an sich selbst, denn:

Das, was du denkst, das bist du auch!

Was Erfolg wirklich bedeutet

So viel steht fest: Auch wenn sich manche hinter einer Fassade verstecken, wir wollen alle mehr oder weniger dasselbe: nämlich Geld, Glanz, Macht, Bewunderung, Liebe, sexuelle Befriedigung, Ansehen usw.
Auf einen Nenner gebracht eben ganz einfach: Erfolg! Das war schon immer so und wird wahrscheinlich auch immer so bleiben. Menschen wollen, wie es bereits in der Bibel heißt, »unter ihrem Feigenbaum sitzen, und niemand soll ihnen Angst machen«.
Erfolg ist eben mehr als das große Geld oder der Luxus, sich kleine Marotten leisten zu können. Erfolg ist auch mehr als Ruhm und Ansehen. Wir wollen uns alle sicher und geliebt fühlen, wir spüren, dass materielle Werte nicht alles sind, und dennoch sehnen wir uns so sehr danach. Wir wollen ausgeglichen, gelassen, glücklich leben – das Leben erfolgreich meistern.
Denken Sie daran, Erfolg kann auch sein:

- Vitale Gesundheit
- erfüllende Lebensenergie
- gute Freundschaften
- erfüllende Arbeit
- funktionierende Partnerschaft

- kreative Freiheit
- emotionale Stabilität und Seelenfrieden

Erfolg, so steht es im Lexikon, bedeutet das »Erreichen eines Zieles«. Dieses Ziel oder diese Ziele müssen wir zunächst für uns selbst finden. Erfolg muss nicht heißen, dass wir viel in unserem Leben erreichen – verglichen mit anderen. Erfolg heißt viel mehr, dass wir das Beste aus unserem Leben machen – verglichen mit den Möglichkeiten, die in uns stecken.

Die persönliche Zielsetzung ist für den Erfolg ein ganz wesentlicher Punkt. Schließlich hängt jedes Erfolgserlebnis davon ab, ob das Ergebnis mit den selbst gesetzten Erwartungen übereinstimmt.

Klare Bestandsaufnahme (Wie geht es dir?)

»Wie geht es dir?« Wie oft werden wir das gefragt! Und wie oft antworten wir dann ausweichend oder pauschal: »Na, gut geht's.« Wirklich? Wer im Leben Erfolg haben will, muss für sich klären:

- Was genau verstehe ich unter Erfolg?
- Welchen Erfolg strebe ich in Zukunft an?
- Wie steht es gegenwärtig um mich?

Bitte beantworten Sie die folgenden Fragen schriftlich!

Teil 1

T.D.U - Check: Erfolg – was bedeutet das für mich persönlich?

Persönlicher Erfolg (in einem Satz formuliert) heißt für mich:

....

....

....

....

....

Als erfolgreiche Vorbilder fallen mir (fünf Beispiele) ein:

....

....

....

....

....

An Ihnen schätze ich folgende Eigenschaften und Erfolgstugenden:

....

....

....

....

....

Meine Vorstellung von Erfolg wurde geprägt von:

....

....

....

....

....

Was erfolgreiche Menschen meiner Meinung nach von Versagern unterscheidet:

....
....
....
....
....
....
....
....
....
....
....
....
....
....
....
....
....
....
....
....
....
....
....
....
....
....
....
....
....
....
....

Teil 2

T.D.U-Check: Meine Erfolgserwartungen

1. Was waren in den letzten zwölf Monaten Ihre größten Erfolge und wie haben Sie die erzielt?

....

....

....

....

....

2. Überlegen Sie, in welchen Lebensbereichen Sie noch mehr erreichen möchten. Bitte beschreiben Sie Ihre Vorstellungen möglichst genau:

Im eigenen Verhalten und der Einstellung zu sich selbst:

....

....

....

....

....

....

Im Verhalten zu sich selbst:

....

....

....

....

....

....

Im Verhalten gegenüber anderen im beruflichen Umfeld:

....

....

....

....

....

....

In der Klärung der Ziele, die Sie erreichen möchten:

....

....

....

....

....

....

In der Verbesserung körperlicher und geistiger Fitness/Energie:

....

....

....

....

....

....

Teil 3

T.D.U-Check: Meine Erfolgserwartungen

3. Welche vier Werte bedeuten Ihnen in Ihrem Leben ganz besonders viel? Worauf legen Sie am meisten Wert?

....

....

....

....

4. Was sind Ihre drei größten Stärken?

....

....

....

5. Bitte erstellen Sie nun eine Liste mit den fünf wichtigsten Zielen und bewerten Sie sie nach Priorität:

....

....

....

....

....

6. Welches ist der sehnlichste Wunsch, den Sie sich in Ihrem Leben noch erfüllen möchten? – Warum ist dieser Wunsch so wichtig für Sie?

....

....

....

....

....

....

....

Teil 4

T.D.U-Check: Meine Erfolgserwartungen

7. Beschreiben Sie bitte in ein paar Sätzen Ihre Fertigkeit zu kommunizieren und auch die Bereiche, in denen Sie noch besser werden wollen.
Beruflich:

....

....

....

....

....

....

Privat:

....

....

....

....

....

....

8. Beschreiben Sie, ob/wie Sie mit Ihrem Körper, Ihrer Fitness zufrieden sind:

....

....

....

....

....

....

9. Möchten Sie etwas an Ihrem Körper/ Ihrer Fitness ändern? – Was?

…………………………………………………………………………………………………

…………………………………………………………………………………………………

…………………………………………………………………………………………………

…………………………………………………………………………………………………

…………………………………………………………………………………………………

…………………………………………………………………………………………………

…………………………………………………………………………………………………

Teil 5

T.D.U-Check: Meine Erfolgserwartungen

10. Was hat Sie bislang daran gehindert, Ziele zu erreichen, die Sie sich selbst gesteckt haben?
Private Ziele/Hindernisse:

....

....

....

....

....

....

Persönliche Barrieren für ein erfülltes (erfolgreiches) Leben:

....

....

....

....

....

....

11. Welche Gewohnheiten oder Eigenschaften möchten Sie ablegen, weil Sie glauben, sie behindern Sie in Ihrem Weiterkommen?

....

....

....

....

....

....

12. Welche Eigenschaften/Gewohnheiten/Fertigkeiten möchten Sie noch erwerben, weil Sie glauben, diese seien besonders wichtig für Ihr persönliches Weiterkommen?

....

....

....

....

....

....

Teil 6

T.D.U-Check: Meine Erfolgserwartungen

13. Schätzen Sie auf der Skala 01 bis 10 Ihre Qualitäten und Fähigkeiten ein.
(Die Zahl 10 bedeutet bestens, 01 sehr schlecht. Mehrfachnennungen einer Zahl sind möglich.)

- Erfolg , den ich bisher mit Freundschaften hatte
  ....1 2 3 4 5 6 7 8 9 10
- Die Beziehung zu meiner Mutter..................1 2 3 4 5 6 7 8 9 10
- Die Beziehung zu meinem Vater 1 2 3 4 5 6 7 8 9 10
- Erfolg in intimen Freundschaften..................1 2 3 4 5 6 7 8 9 10
- Meine Fähigkeit, Ziele zu erreichen 1 2 3 4 5 6 7 8 9 10
- Die Beziehung zu Mitarbeitern, Kollegen oder Chefs
  ....1 2 3 4 5 6 7 8 9 10
- Meine Fähigkeit, mich selbst zu motivieren..1 2 3 4 5 6 7 8 9 10
- Meine Fähigkeit, mit Geld umzugehen 1 2 3 4 5 6 7 8 9 10
- Erfolg in meinem Job 1 2 3 4 5 6 7 8 9 10
- Der Umgang m. mir selbst und m. Körper 1 2 3 4 5 6 7 8 9 10

14. Wenn Sie jetzt noch einmal anschauen, was Sie hier ausgefüllt haben, welche Konsequenzen wollen Sie daraus für Ihre Zukunft ziehen?
(Bitte formulieren Sie Ihre Ziele unbedingt positiv!)

....

....

....

....

....

....

....

Das, was du denkst, das bist du auch!

ISBN 978-3-940450-90-6

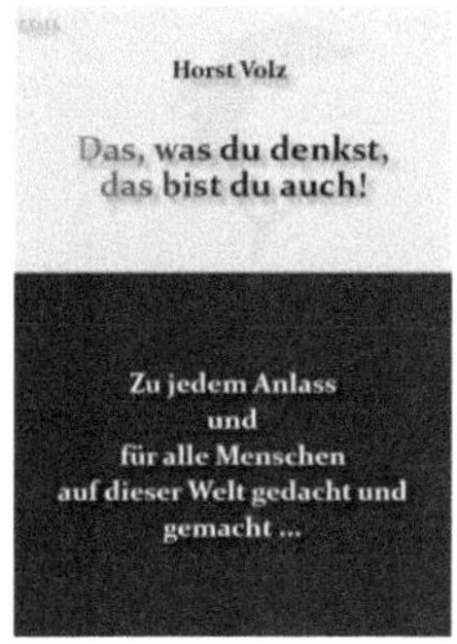

Horst Volz glaubt fest an das Geheimnis des Glaubens und ist der festen Überzeugung, dass der Glaube Berge versetzen kann ... Positives und konstruktives Denken sind eine Inspirationsquelle für Harmonie, Erfolg, Gesundheit, Glück und persönliches Wachstum.

Dieser andersartige und zugleich ausdrucksstarke Gedichtsband wird Sie beeindrucken und gleichzeitig nachdenklich machen. Die Zusatztexte beinhalten Zeilen, die tiefgründig sind, sie sollen Ihnen die Möglichkeit bieten, durch Auseinandersetzung mit sich selbst ins Reine zu kommen. Außerdem schleichen sich immer wieder Worte in das Bewusstsein des Lesers und erzeugen ein stilles Echo, das den Lesenden zum Innehalten und „Stille werden“ einlädt.